# Alles über *Schmalspurbahnen in Sachsen*

Reiner Preuß

Alles über *Schmalspurbahnen in Sachsen*

Reiner Preuß

Einbandgestaltung: Luis Santos

Zu den schönsten sächsischen Schmalspurbahnen gehört die Preßnitztalbahn. Von der einst rund 23 km langen Strecke Wolkenstein–Jöhstadt ist heute der etwa 8 km lange Abschnitt Steinbach–Jöhstadt als Museumsbahn in Betrieb. Am 25. Mai 2001 wartet die 99 1590, eine Maschine der ehemaligen Gattung IV K, vor dem Wasserhaus in Steinbach auf die Abfahrt mit ihrem Fotogüterzug.
Foto: D. Endisch

Seite 2: Seit 1931 ist die Baureihe 99$^{73-76}$ auf der Strecke Zittau–Oybin/Jonsdorf im Einsatz. Die ölgefeuerte 99 760 nimmt am 29. März 2002 in Bertsdorf Wasser, bevor sie ihre Fahrt nach Jonsdorf fortsetzt. Foto: D. Endisch

Bildnachweis:
Die zur Illustration dieses Buches verwendeten Aufnahmen stammen – wenn nichts anderes vermerkt ist – vom Verfasser.

Eine Haftung des Autors oder des Verlages und seiner Beauftragten für Personen-, Sach- und Vermögensschäden ist ausgeschlossen.

ISBN 978-3-613-71359-8

1. Auflage 2009
(Dieses Buch ist eine überarbeitete und aktualisierte Neuausgabe des im Jahr 2002 unter dem Titel »Schmalspurbahnen in Sachsen« von Erich und Reiner Preuß im Verlag transpress erschienenen Auflage.)

Copyright © by transpress Verlag, Postfach 10 37 43, 70032 Stuttgart.
Ein Unternehmen der Paul Pietsch-Verlage GmbH + Co.

Sie finden uns im Internet unter www.transpress.de

Der Nachdruck, auch einzelner Teile, ist verboten. Das Urheberrecht und sämtliche weiteren Rechte sind dem Verlag vorbehalten. Übersetzung, Speicherung, Vervielfältigung und Verbreitung einschließlich Übernahme auf elektronische Datenträger wie CD-ROM, Bildplatte usw. sowie Einspeicherung in elektronische Medien wie Bildschirmtext, Internet usw. sind ohne vorherige schriftliche Genehmigung des Verlages unzulässig und strafbar.

Lektor: Hartmut Lange
Innengestaltung: Medienfabrik GmbH, 70174 Stuttgart
Druck und Bindung: Typos, 32056 Plzen
Printed in Czech Republic

Vorwort

Von einer Ausnahme abgesehen, waren die sächsischen Schmalspurbahnen von Anfang an Strecken der Königlich Sächsischen Staatseisenbahnen, weshalb die Hochbauten einheitlich ausgeführt, die Fahrzeuge zentral beschafft und der Betrieb ebenfalls einheitlich geleitet wurden. Deshalb bietet sich eine grundsätzliche Abhandlung zur Entstehung und Geschichte der sächsischen Schmalspurbahnen an, auch wenn es in letzter Zeit eine Vielzahl Veröffentlichungen über einzelne Strecken gab.

In diesem Buch werden Sie Bahnhofsnamen in unterschiedlicher Schreibweise finden, zum Beispiel nannte sich ein Bahnhof früher Reichenbach i. V. unt. Bf., später Reichenbach (Vogtl) unt Bf. Nicht berücksichtigt ist der früher verwendeten Doppelstrich, etwa bei Schönfeld=Wiesa.

Gegenüber der vorhergehenden Auflage, die im Verlag transpress unter dem Titel »Schmalspurbahnen in Sachsen« erschien (Stuttgart 2002), finden Sie wieder neue Bilder und Ergänzungen. Was sich seitdem veränderte, wurde selbstverständlich berücksichtigt.

Es kam nicht zu weiteren Streckenstilllegungen; aber die Deutsche Bahn verabschiedete sich von allen Schmalspurbahnen in Sachsen. Die an drei regionale Unternehmen übergebenen Bahnen bestehen weiterhin und zeigen sich nach grundlegender Instandsetzung von ihrer schönsten Seite.

Zum Freistaat Sachsen gehört seit 1990 der Landkreis Görlitz, in dem auf Gleisen mit 600 Millimeter Spurweite die Waldeisenbahn Muskau fuhr und die als Museumsbahn gepflegt wird. Sie wurde nicht als Eisenbahn des öffentlichen Verkehrs betrieben. Die vorliegende Buchfassung behandelt ausschließlich die Einrichtungen und Fahrzeuge, die zur Betriebsführung durch die Königlich Sächsischen Staatseisenbahnen gehörten und die auf deren Grundlage folgten.

Berlin, im Januar 2009
Reiner Preuß

▲ Im Jahr 1974 fuhren zwischen Wolkenstein und Jöhstadt nicht viele Züge. Die Fahrt durch diese Landschaft des Erzgebirges gehörte zu den schönsten auf den sächsischen Schmalspurbahnen. *Foto: R. Preuß*

▲ Der Bahnhof Wermsdorf um 1905: Hinter den Eisenbahnern steht eine Lokomotive der Gattung I K und ein Postwagen. *Foto: Slg. Scheffler*

▲ Wermsdorf b Oschatz, kurz vor Ende des Betriebes 1972: Am Empfangsgebäude hatte sich in all den Jahren nicht viel geändert.
Foto: E. Preuß

INHALT

Vorwort	5
1. Die Anfänge	8
2. Die Geschichte	16
3. Organisation und Betriebsführung	30
4. Oberbau, Hoch- und Kunstbauten	38
5. Lokomotiven und Triebwagen	50
6. Die Wagen	80
7. Kupplungen und Bremsen	100
8. Die Strecken	106
Abkürzungen	128

▲ Schönheide Mitte am 7. April 1974: Drei Maschinen müssen unter Dampf stehen, denn auf dem verbliebenen Abschnitt Rothenkirchen (Vogtl) – Schönheide Süd gibt es lebhaften Güterverkehr.
Foto: R. Preuß

1. DIE ANFÄNGE

▲ Dienst- und Zivilkleider aus der Zeit um 1900: Die Lokomotive trägt die Betriebsnummer, die sie von Ende der 20er-Jahre bis 1970 trug. Ein Bild vom Eröffnungstag des Traditionsbahnbetriebes zwischen Radebeul Ost und Radeburg im Jahr 1974. Danach fuhr die Maschine mit der Nummer 132 und in der grünen Lackierung, wie einst bei den Königlich Sächsischen Staatseisenbahnen.   *Foto: R. Preuß*

Als im Jahr 1833 im Königreich Sachsen der Bau von Eisenbahnen erörtert wurde und eine Eisenbahn von Leipzig nach Dresden den Grundstein legen sollte zu einem deutschen Eisenbahnsystem, verhielt sich die sächsische Regierung zunächst abwartend, da die »Erscheinung« zu neuartig war. Sie beschränkte sich darauf, das Unternehmen durch verschiedene Maßnahmen zu fördern, ohne sich jedoch größeren Einfluss zu sichern. So blieb es der privaten Initiative von Bankiers, Kaufleuten und Industriellen überlassen, das gigantische Vorhaben in die Tat umzusetzen.

Während der Zeit des reinen Privatbahnsystems bis etwa 1850 entstanden die Grundlinien des sächsischen Eisenbahnwesens, beginnend mit dem Teilabschnitt Leipzig–Althen der Leipzig-Dresdener Eisenbahn-Compagnie, eröffnet am 24. April 1837. Es folgten die Sächsisch-Schlesische Bahn von Dresden nach Görlitz, vollständig eröffnet am 1. September 1847, die Sächsische-Böhmische Eisenbahn von Dresden nach Bodenbach (heute Děčín), eröffnet am 1. August 1848, und die Sächsisch-Bayerische Bahn von Leipzig nach Hof, vollständig in Betrieb genommen am 15. Juli 1851.

Von 1845 an beteiligte sich der Staat beim Bau der Sächsisch-Böhmischen Eisenbahn. Bald danach musste die Regierung sich zum Kauf der Sächsisch-Bayerischen und der Chemnitz-Riesaer Eisenbahn entschließen, weil den Gesellschaften das Kapital zur Vollendung ihrer Strecken fehlte. Als der Staat am 31. Januar 1851 noch die Sächsisch-Schlesische Eisenbahn erwarb, war er – entgegen dem ursprünglichen Willen der Regierung – im Besitz aller bedeutenden Eisenbahnen des Landes mit Ausnahme der Leipzig-Dresdener und der Löbau-Zittauer Eisenbahn. Damit war im Königreich Sachsen der Übergang zu einem gemischten Staats- und Privatbahnsystem vollzogen.

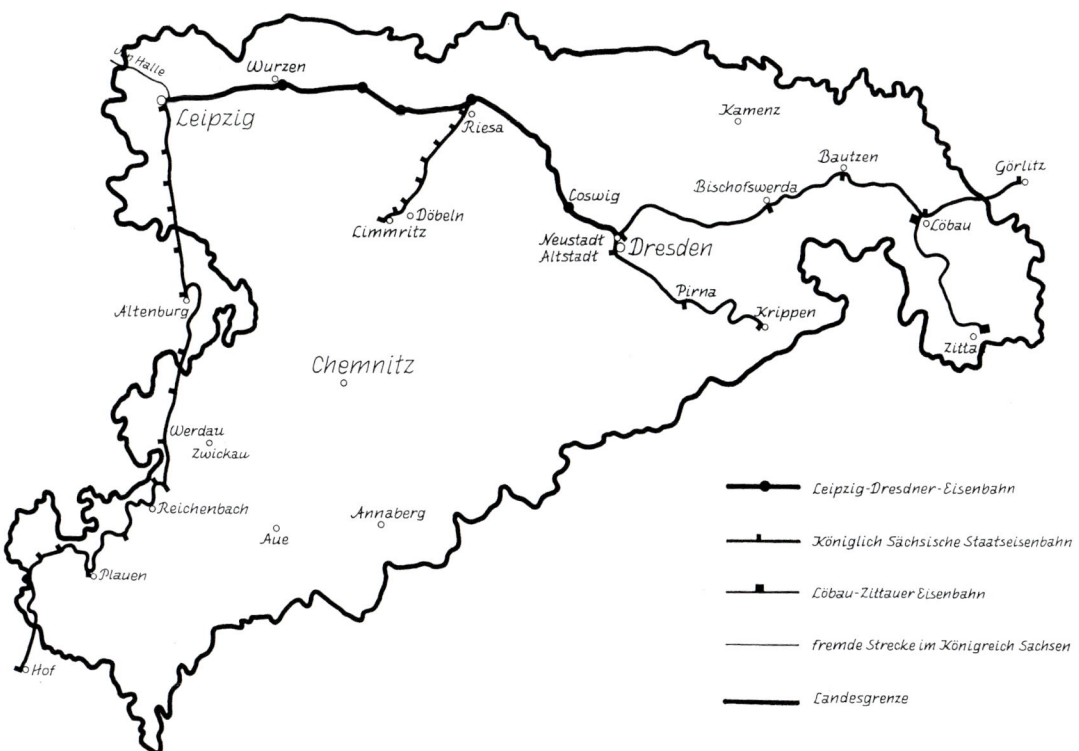

▲ Sächsische Eisenbahnstrecken im Jahr 1850.

Abbildung: R. Preuß

> 2. in ihrem Abschnitt II.
> a) auf diejenigen Betriebsmittel, welche nach diesem Zeitpunkte neu beschafft werden,
> b) sowie auf diejenigen alsdann bereits vorhandenen oder bestellten Betriebsmittel, welche nach dem 1. Oktober 1878 eine vollständige Umänderung erleiden.
>
> Bezüglich einzelner Bestimmungen dieses Reglements können Ausnahmen in Rücksicht auf besondere Verhältnisse von der Landesregierung unter Zustimmung des Reichs-Eisenbahn-Amts bewilligt werden.
>
> § 40.
>
> Für Bahnen, welche nach der übereinstimmenden Erklärung der Landesregierung und des Reichs-Eisenbahn-Amts zu den Bahnen untergeordneter Bedeutung gehören, bleibt die Anwendung der §§. 1 bis 38 einschließlich allgemein ausgeschlossen.
>
> Berlin, den 12. Juni 1878.
>
> Der Reichskanzler.
> v. Bismarck.
>
> ---
>
> **Bekanntmachung,**
> betreffend die Bahnordnung für deutsche Eisenbahnen untergeordneter Bedeutung.
>
> Auf Grund der Artikel 42 und 43 der Reichsverfassung hat der Bundesrath im Anschluß an §. 74 des Bahnpolizei-Reglements vom 4. Januar 1875 (Centralblatt für das Deutsche Reich S. 57) und an die Signalordnung von demselben Tage Nr. 2 der Allgemeinen Bestimmungen (Centralblatt für das Deutsche Reich S. 73) nachfolgende
>
> **Bahnordnung**
> für
> deutsche Eisenbahnen untergeordneter Bedeutung
>
> beschlossen:
>
> **I. Zustand der Bahn.**
>
> §. 1.
> Spurweite.
>
> Die normale Spurweite beträgt 1,435 Meter.
>
> Für Bahnen mit schmalerer Spur soll dieselbe 1,0 Meter oder 0,75 Meter betragen; Ausnahmen hiervon sind zulässig mit Genehmigung der Landes-Aufsichtsbehörde unter Zustimmung des Reichs-Eisenbahn-Amts.
>
> §. 2.
> Längengefälle.
>
> Das Längengefälle der Bahn darf auf freier Strecke das Verhältniß von 1 : 25 in der Regel nicht überschreiten. Für die Anwendung stärkerer Gefälle ist die Genehmigung der Landes-Aufsichtsbehörde unter Zustimmung des Reichs-Eisenbahn-Amts erforderlich.

▲ Das Reichskanzleramt veröffentlichte im Centralblatt für das Deutsche Reich am 14. Juni 1878 unter Punkt 7 die »Bahnordnung für deutsche Eisenbahnen untergeordneter Bedeutung«.

Abbildung: Sächsische Landesbibliothek

In den 1860er-Jahren wurden die bestehenden Strecken erweitert oder durch Querbahnen miteinander verbunden; doch nach dem raschen Tempo des Bahnbaus und der einhergehenden Konjunktur machte sich bald die Krise der 1870er-Jahre bemerkbar: Mehrere Gesellschaften standen vor dem Bankrott. Daher sah sich in der zweiten Hälfte der 1870er-Jahre der Staat genötigt, die Bahnen der in Konkurs gehenden Gesellschaften aufzukaufen, um die für die wirtschaftliche Entwicklung so nötigen Eisenbahnverbindungen zu sichern. Mit der Übernahme der großen Privatbahnen hatte sich Sachsen für das reine Staatsbahnsystem entschieden, und folgerichtig wurde am 1. Juli 1869 die »Königliche Generaldirektion der Staatseisenbahnen« eingerichtet.

Spätestens von diesem Zeitpunkt an musste der sächsische Staat Mittel und Wege finden, um die Betriebsausgaben in ein besseres Verhältnis zu den Einnahmen zu bringen. Andererseits war das Eisenbahnnetz Sachsens in seiner Entwicklung keineswegs abgeschlossen. Noch

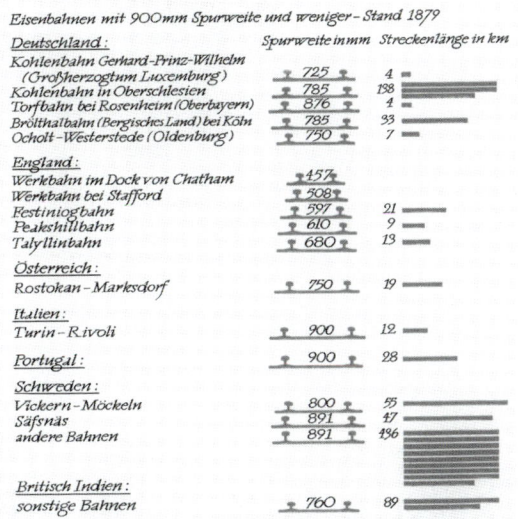

drängten die Wirtschaft und die Gemeinden besonders in der Oberlausitz und im Erzgebirge darauf, weitere Orte an das Eisenbahnnetz anzuschließen.
In dieser Situation – einerseits wurden weitere Eisenbahnstrecken gefordert, andererseits hatten sie wenig Aussicht, rentabel zu werden – ergab sich die grundsätzliche Lösung, den Aufwand für den Bau und Betrieb bei weniger bedeutenden Bahnen zu mindern. Da die Gegebenheiten in anderen Teilen Deutschlands ähnlich waren, trat am 1. Juli 1878 für das Deutsche Reich die »Bahnordnung für Eisenbahnen untergeordneter Bedeutung« in Kraft, die sich enorm auf die weitere Netzentwicklung auswirken sollte. Die neue »Sekundärbahnordnung« brachte den Eisenbahnverwaltungen in einigen Punkten wesentliche Erleichterungen:
Erstens entfiel bei Geschwindigkeiten bis zu 15 km/h die Bahnbewachung vollends, und bei Geschwindigkeiten bis zu 30 km/h war sie nur an besonders frequentierten und gefährdeten Stellen notwendig.
Zweitens ließ sich die Streckenbegehung (bei Hauptbahnen waren täglich drei Begehungen vorgeschrieben) auf eine Begehung pro Tag reduzieren.
Drittens konnte infolge der niedrigen Zuggeschwindigkeiten die Zahl der pro Zug zu besetzenden Bremsen geringer sein als bei Zügen auf Hauptbahnen.
Viertens waren Bahneinfriedungen nicht erforderlich.
Fünftens waren Sperrsignale an den Bahnhöfen und Vorsignale für Weichen auf freier Strecke nicht vorgeschrieben.
Sechstens wurde eine stärkere Abnutzung der Radreifen an Lokomotiven und Wagen als auf Hauptbahnen hingenommen.
Siebentens ließ sich die Fahrkarten- und Gepäckabfertigung vereinfachen.
Bei derart weitgehenden Erleichterungen, die der Gesetzgeber gegenüber seinen bisherigen Forderungen an den Bau und Betrieb von Eisenbahnen einräumte, verweilte der sächsische Landtag nicht bei der Frage, ob angesichts der kritischen wirtschaftlichen Verhältnisse überhaupt noch Eisenbahnstrecken gebaut werden müssten. Vielmehr waren sich der sächsische Landtag und die Staatsregierung einig, der Bahnbau gehe weiter, nur die Ausstattung werde einfacher. So führte man nachträglich den Sekundärbahnbetrieb auf Strecken ein, die als Hauptbahnen gebaut und als solche betrieben worden waren, wie die Verbindungen Werdau–Mehltheuer, Herlasgrün–Falkenstein, Großbothen–Wurzen. Die Generaldirektion der Königlich Sächsischen Staatseisenbahnen hatte nämlich errechnet, dass bei vollständiger Beseitigung der Bahnbewachung auf Sekundärbahnen je Meile und Jahr 10.000 Mark gespart werden konnten. Und da bislang wegen der hohen Bevölkerungsdichte die zahlreichen die Eisenbahn kreuzenden und zumeist stark benutzten Straßen und Wege eine Unzahl von Schrankenposten erforderten, war besonders die Verringerung der Bewachungskosten möglich. Übrigens wurde die kalkulierte Ersparnis später sogar noch übertroffen.
Außerdem entspann sich eine heftige Debatte zu dem Vorschlag, künftig einige Bahnen schmalspurig anzulegen. Die Regierung verwies auf die Erfahrungen anderer deutscher und europäischer Bahnverwaltungen, deren Strecken nicht nur durch den Bau den Charakter von Sekundärbahnen annahmen, sondern bei denen der Betrieb ebenfalls in einfachster Weise vonstatten ging. Nach der Oberschlesischen Kohlenbahn war als erste deutsche Eisenbahn die Bröltalbahn mit einer Spurweite von 785 mm zwischen Hennef und Waldbröl im September 1870 eröffnet worden. Ihr folgten die Bahnen von Ocholt nach Westerstede in Oldenburg mit 750 mm und die Feldabahn von Salzungen nach Kaltennordheim mit 1000 mm Spurweite. Alle diese abweichend von der 1435-mm-Normalspur angelegten Bahnen hatten sich als leistungsfähig und betriebssicher erwiesen.
Am 5. November 1877 erließ der sächsische König ein Dekret, in dem es hieß: »Bahnen mit 0,75 m Spurweite sind geeignet, ebensowohl dem allgemeinen, wie dem

— 38 —

II.
Signale am Perrontelegraphen.
(Signale Nr. 18 und 19.)

18. Der zur Ein- oder Durchfahrt zugelassene Zug soll halten.

bei Tage: Der rechtsseitige Telegraphenarm des Perrontelegraphen steht wagerecht.

bei Dunkelheit: Dem ankommenden Zuge entgegen zeigt die Signallaterne des Perrontelegraphen rothes Licht.

19. Der Zug darf in die Station einfahren, bez. dieselbe durchfahren, ohne anzuhalten.

bei Tage: Der rechtsseitige Telegraphenarm des Perrontelegraphen ist schräg nach oben gerichtet. (unter einem Winkel von etwa 45°).

bei Dunkelheit: Dem ankommenden Zuge entgegen zeigt die Signallaterne des Perrontelegraphen grünes Licht.

— 39 —

Anmerkung 32.
Perrontelegraphen finden Anwendung: auf Bahnhöfen, die mit Blockstationstelegraphen nicht versehen sind, und auf welchen weder die Stellung der Arme an den Abschlußtelegraphen von der Station aus durch Drahtzug erfolgt, noch zwischen den Wärtern am Bahnhofsabschlußtelegraphen und dem Stationsbüreau eine Verbindung durch elektrische Apparate zur Benachrichtigung dieser Wärter von den zu gebenden Einfahrsignalen besteht,
sowie
an Haltestellen behufs der Herbeiführung eines Anhaltens der Züge zur Personenaufnahme, soweit nicht ein Blockstationstelegraph nach Anmerkung 36 diese Function zu übernehmen hat.
Mittels der Perrontelegraphen auf Bahnhöfen wird durch den dienstthuenden Stationsbeamten den Wärtern am Abschlußtelegraphen signalisirt, ob die Einfahrt des Zuges zu gestatten ist, oder nicht.
Für die Ausfahrt der Züge werden an den Perrontelegraphen keine Signale gegeben.
In der Ruhestellung hängen die Arme am Perrontelegraphen lothrecht herab, und die Signallaterne zeigt kein Licht.

Anmerkung 33.
Das Signal 19 darf für einen angemeldeten Zug nur gegeben werden, nachdem das Einfahrgeleise von allen Hindernissen befreit ist und die zur durchfahrenden Welchen richtig gestellt sind.

Anmerkung 34.
Das Einfahrsignal ist zu beseitigen, sobald der eingefahrene Zug hält oder — falls der Zug fahrplanmäßig den Bahnhof ohne Aufenthalt zu durchfahren hat — sobald derselbe an dem Perrontelegraphen vorbeigefahren ist.

Anmerkung 35.
Das Haltsignal 18 ist statt des Einfahrsignals 19 zu geben, wenn die bereits ertheilte Erlaubniß zur Einfahrt wegen eines eingetretenen Hindernisses zurückgenommen werden muß.

Anmerkung 36.
Auf den mit Blockstationstelegraphen versehenen Stationen und Haltestellen ist, wenn daselbst ein Zug nach Bedarf halten soll um Passagiere oder Güter mitzunehmen, demselben das Haltsignal am Blockstationstelegraphen zu geben.

▲ »Signal-Ordnung für die Königlich Sächsischen Staatseisenbahnen«, Auszug aus der Fassung des Sächsischen Finanz-Ministeriums vom 1. Januar 1876.

Abbildung: Slg. R. Preuß

Bergwerks- und Steinbruchs-, Fabriken- und Landwirthschaftsverkehr dadurch zu dienen, daß die nach den einzelnen Etablissements führenden und den Transport in denselben vermittelnden Arbeits- und Huntegleise, welche man mit 0,5 bis 0,8 m Spurweite erhalten können, wie die eigentliche Bahn selbst.
So findet man an der Brölthalbahn die Huntegleise der Kalksteinbrüche und Kalköfen in der gleichen Spurweite von 0,785 m angeschlossen, während auf der Grubenbahn Gerhard-Prinz-Wilhelm mit 0,725 m Spurweite die Bergwerkshunte laufen und beiläufig jährlich 4 00 000 Ctr. Kohle bringen (Ctr. = Zentner = 50 kg). Die Leistungsfähigkeit einer Bahn mit 0,75 m Spurweite ist in allen Fällen für Lokalbahnen genügend. Auf der eingleisigen Festiniogbahn (im britischen Wales gelegen) sind im Jahre 1869 transportirt worden 2 634 640 Ctr. Güter und 97 000 Personen, während auf der Ocholt-Westersteder Bahn bei täglich 6 Zügen in jeder Richtung mit 2 vollbesetzten Personen- oder 3 Güterwagen jährlich 255 000 Personen und 1 310 000 Ctr. Güter transportirt werden könnten. (...) Die in der Bahnordnung für deutsche Bahnen untergeordneter Bedeutung zugelassene größte Geschwindigkeit von 30 km in der Stunde ist auf einer Bahn mit 0,75 m Spur ohne alle Gefährdung der Betriebssicherheit in Anwendung zu bringen, wie dieß die Erfahrungen auf der Brölthalbahn etc. ergeben haben. (...) Der Ingenieur Spooner, welcher die Festiniogbahn zu beaufsichtigen hat, erklärt auf Grund seiner Er-

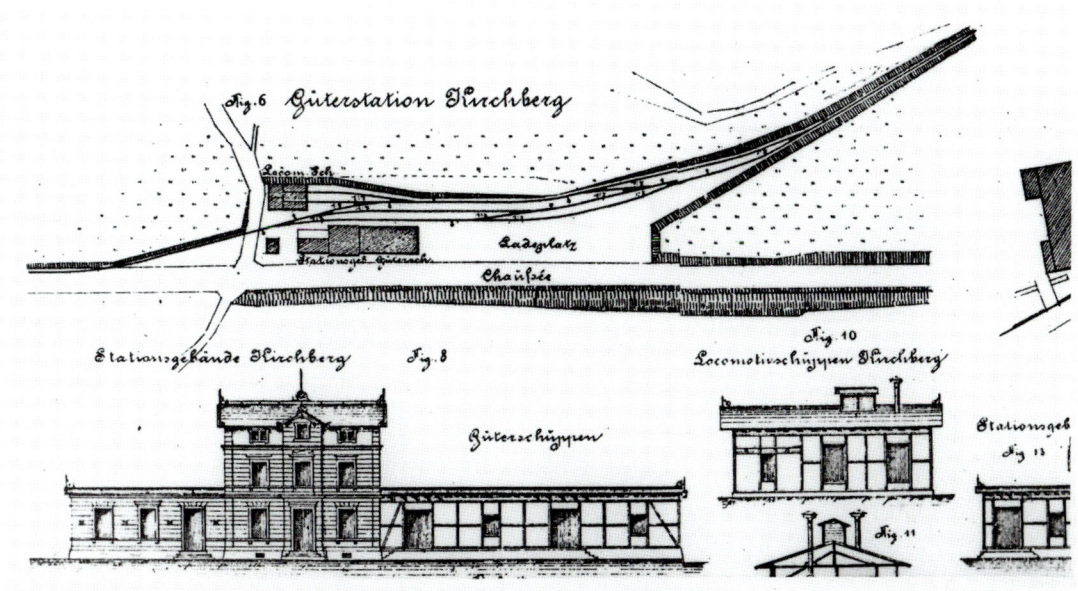

▲ Lageplan, Empfangsgebäude und Lokomotivschuppen für die Station Kirchberg. *Aus: Zeitschrift des deutschen Architektenvereins 1882*

fahrungen eine Spurweite von 2 1/2 Fuß englisch oder 0,76 m als für derartige Bahnen am geeignetsten; ferner hat der Erbauer der Ocholt-Westersteder Bahn, Geheimer Ober-Baurath Buresch in Oldenburg, noch neuerdings größere Bahnprojekte unter Zugrundelegung des Spurmaßes von 0,75 m bearbeitet, wie auch die von der französischen Regierung beauftragten Ingenieure Berald und de Bazire für Localbahnen (...) das gleiche Maß von 0,75 m zur Anwendung empfehlen.«

Öffentlich verkündete die sächsische Staatsregierung den Schmalspurgedanken erstmals in der Sitzungsperiode 1876/1877 des Landtages, als es um den Bahnanschluss der Stadt Kirchberg ging. In den Mitteilungen darüber heißt es: »Diese Bahn soll die langersehnte und zur wirtschaftlichen Fortentwicklung nothwendige Eisenbahnverbindung für ein verkehrsreiches Gebirgsthal schaffen, in welchem sich außer der Stadt Kirchberg mit seiner lebhaften Industrie die Ortschaften Saupersdorf, Hartmannsdorf und weiter Rothenkirchen in fast ununterbrochener Folge befinden und in welchem sich – wenn die Ortschaften der Seitenthäler mit berücksichtigt werden – der Verkehr einer Bevölkerung von ungefähr 16 000 Einwohnern bewegt.«

Allerdings missfiel den Abgeordneten das bei einer schmalspurigen Bahn notwendige Umladen der Güter. Sie befürchteten außerdem, Kirchberg werde trotz einer Schmalspurbahn seine Kohlen aus dem Zwickauer Revier wie bisher auf der Landstraße beziehen. Dann wäre die Bahn ohne Sinn und ohne Gewinn. Doch seit 20 Jahren bemühten sich Stadt und Industrie Kirchbergs um eine Verbindung zur Strecke Zwickau–Schwarzenberg. Deshalb verwies man in der Sitzung am 17. November 1877 angesichts der bei den Abgeordneten aufkommenden Zweifel an der Richtigkeit der abweichenden Spurweite sofort auf das bereits zitierte Königliche Dekret mit der Stelle: »Uebrigens würde auch bei einer Normalspurbahn ein Umladen der Güter am Bahnhofe Kirchberg auf Landfuhrwerke zum Weitertransport nach den Fabriken auf einer längeren oder kürzeren Strecke eintreten müssen.«

In der 37. Sitzung des Landtages am 18. Februar 1878 erklärte Staatsminister Freiherr von Könneritz zum Für und Wider der schmalspurigen Sekundärbahnen sogar: »Die Regierung übersehe, um die berechtigten Wünsche zu befriedigen, den Bau von ca. 400 Kilometern schmalspuriger Bahnen. Der Aufwand soll sich für diese 400 Kilometer auf ca. 30 bis 32 000 000 Mark be-

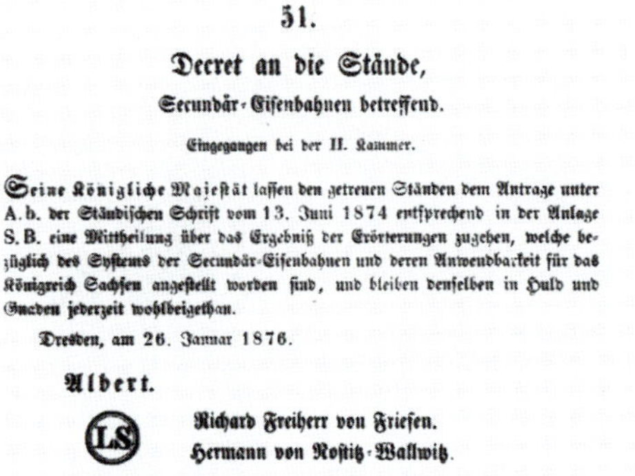

51.

Decret an die Stände,

Secundär-Eisenbahnen betreffend.

Eingegangen bei der II. Kammer.

Seine Königliche Majestät lassen den getreuen Ständen dem Antrage unter A. b. der Ständischen Schrift vom 13. Juni 1874 entsprechend in der Anlage S. B. eine Mittheilung über das Ergebniß der Erörterungen zugehen, welche bezüglich des Systems der Secundär-Eisenbahnen und deren Anwendbarkeit für das Königreich Sachsen angestellt worden sind, und bleiben denselben in Huld und Gnaden jederzeit wohlbeigethan.

Dresden, am 26. Januar 1876.

Albert.

(LS) Richard Freiherr von Friesen.
Hermann von Nostitz-Wallwitz.

▲ **Das »51. Decret an die Stände, Secundär-Eisenbahnen betreffend, vom 26.1.1876«. Mit ihm erörterte das erste Mal der sächsische Landtag den Eisenbahnbau in schmaler Spurweite.**
Abbildung: Sammlung Reiner Preuß

laufen.« Dennoch fand in dieser Sitzung der Antrag zum Bau einer schmalspurigen Sekundärbahn von Wilkau nach Kirchberg keine Mehrheit.
In der 36. Sitzung der nächsten Periode, am 2. März 1880, kam das Projekt abermals auf die Tagesordnung, diesmal bereits mit der Vorstellung, »die Spurweite mit 75 Centimetern Weite herzustellen«. Die Landtagsabgeordneten waren plötzlich dem Schmalspurgedanken günstiger gesonnen. Allerdings wollten es die einen erst auf einen Versuch ankommen lassen, und zwar auf der zu errichtenden Strecke Dippoldiswalde–Schmiedeberg, während die anderen sich als heftige Befürworter für schmalspurige Bahnen erwiesen, die über längere Distanzen (!) zu errichten wären, wie Ungarn ein schönes Beispiel dafür gäbe. Da sich aber der Bau der kürzeren Strecke von Wilkau nach Kirchberg billiger stellte, die Regierung ohnehin ständig Vorwürfe wegen Verschwendung von Staatsgeldern für Eisenbahnprojekte bekam, das Gebiet um Kirchberg dicht besiedelt war und das Projekt nun einmal vorlag, wurde am 2. März 1880 die Schmalspurbahn Wilkau–Saupersdorf genehmigt.

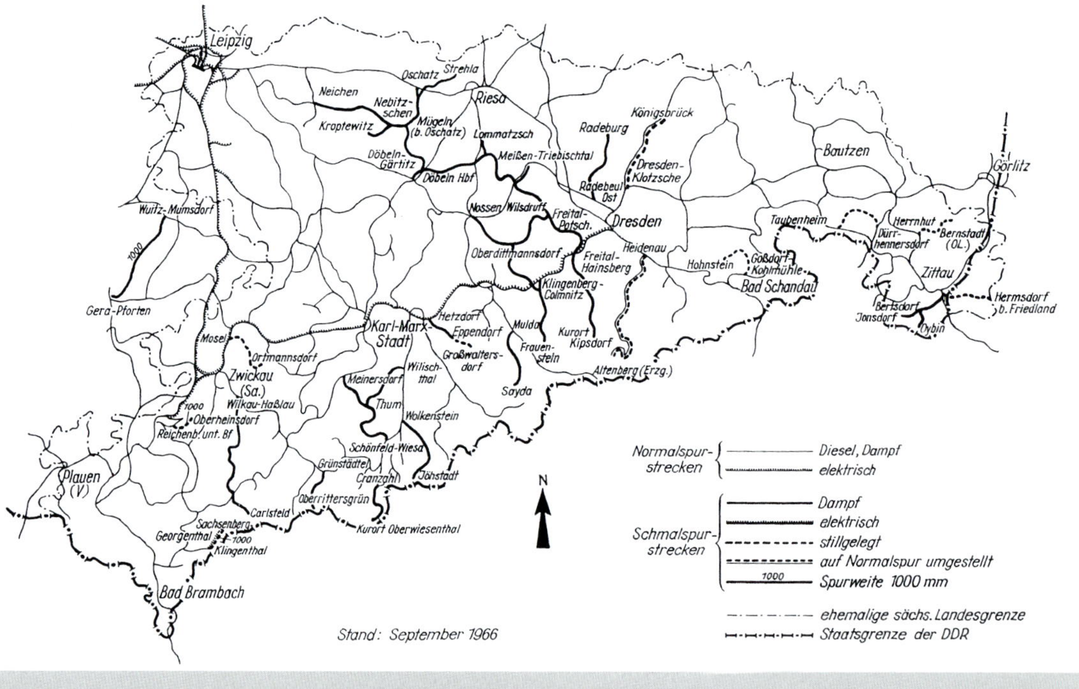

▲ **Die sächsischen Schmalspurbahnen (Stand September 1966).** *Abbildung: R. Preuß*

▲ Man nimmt sich die Zeit für ein Erinnerungsfoto vor der Lokomotive Nr. 28 oder 29 der Gattung I K im Bahnhof Oberrittersgrün.

Foto: Slg. R. Preuß

Die Wahl der Spurweite von 750 mm beruhte laut dem Königlichen Dekret Nr. 24 vom 8. Dezember 1879 auf folgenden Erwägungen: »Nach den bisherigen Erfahrungen kann als feststehend angenommen werden, daß derartige Linien (gemeint sind Nebenlinien zur Aufschließung neuer Landestheile), wenn sie als Normalspurbahn gebaut werden, sowohl für den Bau als für den Betrieb einen mit dem vorhandenen Verkehre nicht im Einklang stehenden Aufwand erfordern. Daher erklärt sich, daß eine größere Zahl derartiger Linien nicht nur keine Verzinsung des aufgewendeten Baucapitals bringen, sondern jährliche, zum Theil sehr beträchtliche Zuschüsse zur Aufrechterhaltung des Betriebes erfordern. Wenn nun aber eine weitere Belastung der Steuerzahler (...) vermieden werden muß, so ist es (...) unumgänglich nothwendig, auf Einrichtungen Bedacht zu nehmen, welche die Aussicht eröffnen, daß der Betrieb der Bahnen nicht nur seine Ausgaben deckt, sondern auch eine Verzinsung des Baucapitals bringt. Diese läßt sich durch den Bau schmalspuriger Bahnen voraussichtlich (...) erreichen. (...) Die schmalspurige Bahn kann dem natürlichen Terrain sich weit besser anschmiegen; die Zulässigkeit sehr kleiner Halbmesser für die Curven gestattet, derartige Bahnen meistens längs bestehender Verkehrswege hinzuführen; es lassen sich dabei die Durchschneidungen der Feldkomplexe leichter umgehen und die wesentlichen Ersparnisse an Grunderwerbskosten erzielen. Aber auch erheblichere Kunstbauten können vermöge der größeren Fähigkeit, dem natürlichen Terrain zu folgen, möglichst vermieden werden. Die Kosten des Oberbaus sind ebenfalls wesentlich geringer. (...) Demnächst stellen sich aber auch die Betriebskosten bei einer schmalspurigen Bahn sehr erheblich billiger (...); denn die Betriebsmittel lassen sich im Verhältnis zu ihrer Ladefähigkeit bedeutend wohlfeiler herstellen (...), bei welcher ein besseres Verhältnis zwischen der zu befördernden Nutzlast und der Taralast erzielt wird. (...) Ebenso ist die Fügigkeit, bestehende Etablissements durch Zweiggleise mit der Eisenbahn unmittelbar zu verbinden, bei schmalspurigen Bahnen in viel ausgedehnterer Weise vorhanden als bei normalspurigen Bahnen, denn bei letzteren muß berücksichtigt werden, daß die auf ihnen verkehrenden Betriebsmittel auch auf Hauptbahnen übergehen sollen, und daß daher für die Curven ein Halbmesser von nicht unter 170 m Länge gewählt werden darf.«
Entsprechend den 1876 in Konstanz auf einer Tagung der technischen Kommission des Vereins Deutscher Eisenbahnverwaltungen für die Gestaltung der sekundären Eisenbahnen freigestellten Spurweiten von 1000 mm und 750 mm entschied man in Sachsen für die letztere und schuf mit der Strecke Wilkau–Kirchberg, eröffnet am 17. Oktober 1881, den Grundstein für ein in Deutschland einzigartiges Schmalspurnetz.

2. DIE GESCHICHTE

▲ Carlsfeld liegt als westlichster Ort des Erzgebirges in einer Höhe zwischen 840 und 920 Meter. Hier endete die erste sächsische Schmalspurstrecke, die in mehreren Abschnitten von Wilkau aus in Betrieb ging, erst im Jahr 1897.

Foto: Slg. Ossen

Der ersten sächsischen Schmalspurstrecke von Wilkau nach Kirchberg folgten bis 1893 in rascher Folge 19 weitere und nach einer kurzen Pause innerhalb eines Jahres von 1897 bis 1898 vier Bahnlinien. Die in den Jahren 1902, 1903, 1909 und 1909 eröffneten Abschnitte stellten hauptsächlich Verbindungen zwischen verschiedenen schmalspurigen Strecken dar, die betriebliche Vorteile bringen sollten.

Im Einzelnen verlief die Entwicklung so: Zeitlich parallel zur Strecke Wilkau–Kirchberg wurde an der Schmalspurbahn von Hainsberg nach Kipsdorf gebaut. Sie hatte während der Landtagsdebatten 1879/1880 als Probestrecke für schmalspurige Sekundärbahnen zur Diskussion gestanden – zumindest was den Abschnitt Hainsberg–Schmiedeberg betraf – und von Anfang an das Wohlwollen der Staatsregierung und des Landtages gefunden. Sie wurde auch später von der Reichsbahndirektion (Rbd) Dresden als Versuchsstrecke genutzt.

▲ Die Strecke Klingenberg-Colmnitz–Frauenstein wurde am 15. September 1898 feierlich eröffnet. Das Bild von Oberbobritzsch zeigt u. a. den Doppelwagen II./III. Klasse. *Foto: Slg. R. Preuß*

Die Döbeln-Mügeln-Oschatzer Strecke, die 1879/1880 zunächst vom Landtag abgelehnt worden war, wurde fünf Jahre später, am 7. Januar 1885, in Betrieb genommen. Am 25. November 1890 konnte die private Zittau-Oybin-Jonsdorfer Eisenbahn (ZOJE) eröffnet werden, die sächsische Staatseisenbahnverwaltung übernahm deren Betrieb. Diese Bahn blieb hinsichtlich ihrer Eigentumsverhältnisse eine Ausnahme gemäß dem Grundsatz der sächsischen Regierung, Privattätigkeit komme nur zur Befriedigung lokaler Interessen infrage.

Bis Ende 1896 hatten die sächsischen Schmalspurstrecken einen Umfang von 383,71 km erreicht. Das waren immerhin zwölf Prozent des gesamten Streckennetzes der Königlich Sächsischen Staatseisenbahnen!

1897 reduzierte sich erstmals das Schmalspurnetz. Der Ort Schwepnitz mit seiner gut entwickelten keramischen Industrie, mit einer Glasformen- und Seifenfabrik trachtete danach, Anschluss an die bestehende Schmalspurbahn Klotzsche–Königsbrück zu erlangen. Doch zu diesem Zeitpunkt gingen beim Landtag in Dresden Petitionen ein, die den Umbau der Strecke in eine Normalspurbahn befürworteten und deren Fortsetzung – ebenfalls in Normalspur – empfahlen. Die Gründe für die Wandlung zur Normalspur, weil die keramischen Erzeugnisse nicht mehr umgeladen werden mussten und starker Verkehr für den staatlichen Forst und zum Truppenübungs- und Schießplatz Königsbrück zu erwarten war, erschienen der Staatsregierung derart beachtlich, dass der Umbau im August 1896 begonnen und am 1. Oktober 1899 bis Schwepnitz vollendet worden war.

▲ Der Bahnhof Oberrittersgrün 1891: Der aus vier Wagen bestehende Zug wird von einer Lokomotive der Gattung I K gezogen. *Foto: Eisenbahnmuseum Schmalspurbahnhof Oberrittersgrün*

Um die Bahn von Zittau nach Markersdorf mit der in Österreich (seit 1918 Tschechoslowakische Republik) geplanten Linie Friedland–Hermsdorf zu verbinden, kam es am 27. November 1898 zum Staatsvertrag für die Fortsetzung der Strecke von Markersdorf nach Hermsdorf in Böhmen (Eröffnung am 15. August 1900).

Im Erzgebirge wurden unter anderem die Strecken Wilischthal–Thum und Schönfeld–Geyer betrieben. Die Städte Thum, Ehrenfriedersdorf und Annaberg wünschten untereinander die Verbindung durch eine Schmalspurbahn. Deshalb wurde am 1. Mai 1906 der Abschnitt Geyer–Thum in Betrieb genommen. Seitdem konnten die Strecken Wilischthal–Thum und Geyer–

▲ Der Bahnhof Thum am 30. April 1906, ein Tag später ging der Streckenast Geyer–Thum offiziell in Betrieb. Foto: Slg. Meyer

Schönfeld mit Anschluss zur Normalspurstrecke nach Annaberg als Ganzes betrieben werden.

Kurz danach wurde in Sachsen erstmals die »Regelschmalspurweite« von 750 mm verlassen. Aus mancherlei wirtschaftlichen Gründen war der Bau einer Industriebahn von Reichenbach (Vogtland) nach Heinsdorf beschlossen worden. Wegen der besonderen örtlichen Verhältnisse erhielt diese vier Kilometer lange Strecke eine Spurweite von 1000 mm. Sie wurde am 15. Dezember 1902 eröffnet und um zwei Kilometer bis Oberheinsdorf verlängert.

In dieser Zeit, Anfang des 20. Jahrhunderts hatte sich die wirtschaftliche Situation wesentlich verändert. Bisher war man es in Sachsen bei dem günstigen Stand der Staatsfinanzen gewohnt, aus dem Vollen zu wirtschaften, und glaubte, sich auch im Eisenbahnwesen eine gewisse Opulenz gestatten zu dürfen. Jetzt kam die wirtschaftliche Rezession, die sich im Rückgang der Eisenbahnüberschüsse unangenehm bemerkbar machte, sodass der Landtag mit Bewilligungen von Mitteln für neue Eisenbahnstrecken sparsamer als bisher umging und die Mittel für Eisenbahnvorhaben drastisch kürzte. Das wirkte sich besonders auf Erweiterungsbauten des Normalspurnetzes aus, obgleich es noch zu Verbesserungen der Bahnanlagen kam. Da die Regierung zum

▲ 28. Oktober 1957 an der Haltestelle Annenplatz im vogtländischen Reichenbach: Die Fairlie-Lokomotive 99 161 zieht den P 2204. Die Meterspurstrecke von Reichenbach nach Oberheinsdorf hatten die K.Sächs.Sts.E. 1902 in Betrieb genommen. Foto: Meyer

▲ Die Lokomotive 99 162 auf dem Annenplatz in Reichenbach vor einem normalspurigen Güterwagen auf Rollböcken (8. August 1959). Die Triebwerksverkleidung sollte im Straßenverkehr Unfällen vorbeugen. Foto: Meyer

▲ Der Bahnhof Cranzahl: Das Personal postiert sich vor einen Zug aus Oberwiesenthal mit der Lokomotive 172 (Gattung IV K). Das Bild ist vermutlich um 1910 entstanden, denn der vordere Wagen mit der Halterung für Wintersportgeräte an der Seitenwand wurde 1909 gebaut. *Foto: Slg. Meyer*

▲ Am Bahnhof Klingenthal steht mit einem passenden Beiwagen der Triebwagen der Gattung 2 M. Interessant ist, dass im Gegensatz zum einfarbigem Beiwagen der Triebwagen mit einem Zierstreifen und bis in die Höhe der Fensterlüfter in heller Farbe lackiert wurde. Er ist den Nichtrauchern vorbehalten, während die Wendeschilder des Beiwagens »Raucher« anzeigen. *Foto: Slg. Meyer*

Beispiel eigenmächtig den Bau der Chemnitzthalbahn fortsetzte und ihr deshalb vom Landtag wegen der Finanzüberschreitungen vorgeworfen wurde, sich nicht verfassungsgemäß zu verhalten, demissionierte das Gesamtministerium. Das sei erwähnt, weil durch diese Lage auch manches Schmalspurprojekt nicht mehr ausgeführt wurde.

Zum 31. Dezember 1912 betrug die Betriebslänge der Königlich Sächsischen Staatseisenbahnen 3.352,02 km von denen 507,90 km (507,75 km bei Abzug des nicht zum Königreich Sachsen gehörenden 150 Meter langen Streckenabschnitts von der Landesgrenze zum Bahnhof Hermsdorf in Böhmen), also 15,29 Prozent, schmalspurig waren.

Wie berechtigt die Vorsicht Anfang des 20. Jahrhunderts bei der Errichtung neuer Bahnlinien war, zeigte sich ein Jahrzehnt später bei der »Rentabilitätsberechnung für die einzelnen Linien des Königlich Sächsischen Staatseisenbahnnetzes«, die 1913 zum letzten Mal aufgestellt worden ist. Von den 21 schmalspurigen Strecken erforderten nicht weniger als 14 einen Zuschuss. Immer wieder wurde diskutiert, ob es überhaupt zu Stützungen kommen musste.

So hatte das Mitglied der II. Ständekammer, A. Niethammer, im Jahre 1898 der sächsischen Staatsregierung vorgeworfen, aus Billigkeitsgründen beim Bau der Schmalspurbahnen von bereits damals international anerkannten Grundsätzen abzuweichen, wenn sie immer wieder versuche, Schmalspurbahnen zwischen Normalspurnetzen einzufügen (zum Beispiel: Döbeln bis Oschatz über Mügeln). Eine Schmalspurbahn sei immer nur dann vorzusehen, wenn sie als Stichbahn von einer Hauptbahn abgehe und die Geländeverhältnisse den normalspurigen Ausbau nur unter großen Aufwendungen gestatten.

1913 warfen die Schmalspurbahnen insgesamt noch einen Ertrag von 110.000 Mark ab. Das war, gemessen am Reinertrag von rund 52,5 Millionen Mark der normalspurigen Strecken, eine bescheidene Summe und warf wiederholt die Frage auf, ob der Bau von Schmalspurbahnen nicht generell ein Fehler gewesen sei.

Die Befürworter des Schmalspurbahngedankens verwiesen auf den hohen verkehrlichen Wert, den die Bahnen für die Täler des Erzgebirges als Verbindung zwischen und Zubringer für normalspurige Strecken ergeben hätten. Kohlen, Holz, Holzstoffe, Wollgarne, Baustoffe, Kalk, Web-, Ton- und Glaswaren, Stroh, Papier, Pappen, landwirtschaftliche Erzeugnisse und Düngemittel wurden als Massengüter zu jenen Betrieben gefahren, die dann die Veredelung der Rohstoffe vornähmen. Ferner spräche für die Schmalspurbahn, dass die Kosten der bis zum Jahre 1913 gebauten Linien im Durchschnitt rund 118.000 Mark je Kilometer betrügen, während ein Kilometer normalspuriger Strecke sich auf 405.000 Mark stelle.

Die Kritiker des Schmalspurwesens hielten dem entgegen, dass die erwähnten Rohstoffe nach der Veredelung, also die Fertigprodukte, nicht mehr mit der Bahn, sondern mit Fuhrwerken und zunehmend mit Kraftwagen abge-

▲ Bis 1913 wurde der Bahnhof Oybin mehrmals erweitert. Die Postkarte mit dem Bahnhof im Talkessel trägt auf der Rückseite einen Stempel aus dem Jahr 1902.
Foto: Slg. Ossen

▲ Diese Ansichtskarte zeigt den Bahnhof Mohorn (Strecke Freital-Potschappel–Wilsdruff). Ein Güterzug mit einer Lokomotive der Gattung IV K durchfährt den Bahnhof, dessen Empfangsgebäude typisch für sächsische Bahnhöfe ist. Links ist ein zweiachsiger offener Wagen zu sehen.
Foto: Slg. Ossen

fahren würden, und zwar zu spürbar höheren Tarifen, was die Rentabilität der Schmalspurbahnen zusehends verschlechtere. Ähnlich sei es mit den Kosten. Was an unmittelbaren Baukosten nicht ausgegeben werde, sei später als Nachfolgeinvestitionen allemal zugezahlt worden.

In der Tat ist dieses Argument schwer wiegend. Von ihm werden wir erneut, wenn auch in etwas abgewandelter Form, nach 1960 und nach 1990 lesen. Als versucht wurde, normalspurige Güterwagen auf die Schmalspur übergehen zu lassen, setzte eine falsche Entwicklung ein. Denn jetzt kamen auf die Schmalspurstrecken die gleichen Achslasten wie auf der Normalspur, die Masse der Fahrzeuge wurde durch die Eigenmasse der Rollböcke und später der Rollwagen sogar noch größer, was allerdings auf die Achslasten keine Auswirkungen hatte, da sich die Masse der Fahrzeuge und Ladungen auf die zwei oder vier Achsen verteilte. Diese erste Abweichung von den ursprünglichen Voraussetzungen zog weitere nach sich: Jetzt waren stärkere Schienenformen, die Verstärkung der Brücken und die Vergrößerung des lichten Raumes notwendig; gleichzeitig stiegen die Zuggewichte an, sodass stärkere Lokomotiven beschafft werden mussten.

Die Entwicklung zeigte, dass leistungsstarke Schmalspurbahnen in technischer Hinsicht Lösungen benötigten, wie sie auf normalspurigen Strecken üblich waren. Damit verließ man den ursprünglichen Schmalspurgedanken der Jahre 1877 bis 1880, einfach und billig zu bauen und Züge mit geringen Mitteln zu fahren. Aus heutiger Sicht war auch seinerzeit die Annahme ein Irrtum, dass sich kein normalspuriges Gleis mit einem Halbmesser unter 180 Meter bauen ließ. Zwar hieß es in den Normen für die Konstruktion und Ausrüstung der Eisenbahnen Deutschlands, die vom Bundesrat in der Sitzung am 26. November 1885 gemäß Artikel 42 und 43 der Reichsverfassung beschlossen worden sind: »§ 6 Gleislage und Krümmungen: (6) Der kleinste Halbmesser der gekrümmten Gleise auf freier Bahn darf nicht unter 180 m lang ein.« Die Täler, in denen zu dieser Zeit Schmalspurstrecken angelegt worden sind, hätten bei normalspuriger Ausführung mit kleinstem Halbmesser von 180 Meter fast überall Tunnel, Brücken, Ortsdurchschneidungen usw. erforderlich gemacht und erhebliche Kosten verursacht. 1905 brachte die Eisenbahn-Bau- und Betriebsordnung (BO) einen Zusatz, der für die Gleise, auf die Fahrzeuge der Hauptbahnen nicht übergehen sollten, Halbmesser von 100 Metern zuließ. Diese Ergänzung kam für die Entwicklung des sächsischen Eisenbahnwesens zu spät.

Nach Edmund Frohne, Abteilungspräsident bei der Reichsbahndirektion Dresden (von 1952 bis 1957 Vorstandsvorsitzer und Erster Präsident der Deutschen Bundesbahn), war das Verständnis für die Wichtigkeit kleinster Krümmungshalbmesser nie groß gewesen. Deshalb unterblieb auch die technische Weiterentwicklung der Fahrzeuge. Dass der Mindesthalbmesser von 180 Metern eine viel zu weit gehende Einschränkung war, zeigte der Betrieb auf der Windbergbahn Freital–Possendorf, wo Normalspurgleise mit Halbmessern von 85 Metern lagen, die von der sächsischen Lokomotivgattung I TV (Baureihe 98°) und von Wagen mit einem Achsstand von 4,50 Meter anstandslos befahren wurden. Später sind auch dort noch größere Achsstände bis zu 6,50 Meter zugelassen worden.

Kurz vor dem Ersten Weltkrieg und auch danach war – sehen wir von dem lange vor Beginn des Ersten Weltkriegs ausgearbeiteten Projekt Umbau des Leipziger Eisenbahnknotens ab – auch in Sachsen an neue große Eisenbahnprojekte nicht mehr zu denken. An dieser Stelle sind deshalb die wichtigsten Vorhaben aufgeführt, die nicht verwirklicht worden sind.

Die Strecke Mügeln–Nerchau-Trebsen sollte in Ölschütz, an der Strecke Wurzen–Großbothen einen Bahnanschluss erhalten und mit einer dritten Schiene in der Normalspurstrecke von Ölschütz nach Wurzen weitergeführt werden. Weitere Schmalspurstrecken hatten die Königlich Sächsischen Staatseisenbahnen im Erzgebirge und in der Oberlausitz geplant.

Die später normalspurig gebaute Strecke Bühlau–Dürrröhrsdorf war als Meterspurstrecke mit einem Anschluss an die Dresdener Straßenbahn geplant. Die Züge wären (auch mit Güterwagen) elektrisch von Dresden bis Bühlau geführt worden, um dort von der Dampflokomotive übernommen zu werden.

Vorbereitet war die Weiterführung der Strecke Radebeul Ost–Radeburg bis Kalkreuth, um dort Anschluss an die ebenfalls geplante und nie ausgeführte Normalspurstrecke Großenhain–Königsbrück zu erhalten. Eine weitere Verbindung war später von Radeburg bis Böhla an die Strecke Berlin–Dresden geplant und teilweise schon vorbereitet.

Schließlich gab es die Absicht, weitere Strecken in Normalspur umzubauen, wie die Abschnitte von Freital-Potschappel nach Wilsdruff oder von Zittau nach Zittau Schießhaus.

In den Jahren nach dem Ersten Weltkrieg begann die rückläufige Entwicklung. Zahlreiche Strecken, die vordem Erträge brachten, benötigten jetzt Zuschüsse. Hierzu sind genaue Angaben nicht möglich, weil die Rentabilitätsberechnungen für die einzelnen Strecken nicht mehr fortgesetzt worden sind. Es soll nach dem Ersten Weltkrieg nur noch wenige Schmalspurstrecken gegeben haben, deren Einnahmen die Ausgaben überstiegen. Durch die Steigerung der Personalkosten (höhere Löhne und Personalzwangswirtschaft) vergrößerte sich der Aufwand für den Achskilometer von 1913 bis 1935 auf das Dreifache, sodass gerade diese Kosten die Wirtschaftlichkeit wesentlich beeinträchtigten, obwohl die Verkehrsleistungen erbracht wurden.

Aus unterschiedlichen Gründen sind weitere, aber selbst innerhalb des schmalspurigen Netzes nur unbedeutende

▲ Von Oberrittersgrün aus sind es 12 km Luftlinie bis zum Kamm des Erzgebirges. Oberrittersgrün war Endstation der Strecke von Grünstädtel aus. Das Empfangsgebäude im Bild unten blieb erhalten und gehört heute zu einem Eisenbahnmuseum. *Foto: Slg. Ossen*

▲ Der Bahnhof Wolkenstein auf einer Ansichtskarte: Die schmalspurigen Gleise für die Personenzüge sind links im Bild zu sehen. Da steht auch der Lokomotivschuppen für die Schmalspur-Maschinen und das Wasserhaus. *Foto: Slg. Ossen*

Strecken in Betrieb genommen worden, wie Eppendorf–Großwaltersdorf am 1. November 1916 als Verlängerung der von Hetzdorf bis Eppendorf bestehenden Strecke sowie die elektrisch betriebene fünf Kilometer lange 1000-mm-Strecke Klingenthal–Untersachsenberg-Georgenthal am 14. Mai 1917. Am 31. Dezember 1918 betrug die Betriebslänge der Schmalspurstrecken 520 Kilometer, davon 9,5 Kilometer mit 1000 mm Spurweite.

Am 1. April 1920 gingen die Eisenbahnen der deutschen Länder in das Eigentum des Deutschen Reiches über. Aus der Generaldirektion der Sächsischen Staatseisenbahnen (seit 1918 ohne »Königlich«) wurde die Reichsbahndirektion Dresden, die nun auch für die sächsischen Schmalspurbahnen zuständig war. Unter dieser alten-neuen Regie wurde am 1. November 1922 und am 1. November 1923 als letzte Schmalspurstrecke der Abschnitt von Klingenberg-Colmnitz nach Oberdittmannsdorf eröffnet, die die Frauensteiner und die Freital-Nossener Strecke verbanden, was sich für den Austausch der Lokomotiven und Wagen günstig auswirken sollte. Allerdings war zu diesem Zeitpunkt die Streckeneröffnung wirtschaftlich nicht mehr gerechtfertigt. Für den Reiseverkehr erhielt die Strecke keine Bedeutung; immer blieb es bei einem Zugpaar täglich, vor dem Zweiten Weltkrieg von Klingenberg-Colmnitz nach Oberdittmannsdorf sogar nur sonntags.

Nach dem Ersten Weltkrieg spürte die Eisenbahn die Konkurrenz des Kraftverkehrs. Sie entbrannte hauptsächlich nahe den großen Städten und traf in Sachsen besonders die Schmalspurbahnen. Der Kraftverkehr vermied einige der Nachteile des Bahnbetriebs und war ihm gegenüber flexibler. Angenehm für das Publikum waren die Linien entlang der von Ausflüglern begehrten Streckenführungen mit häufiger Bedienung zu allen gewünschten Tageszeiten bei kürzeren Fahrzeiten und unwesentlich höheren Fahrpreisen. So benötigte der Bahnreisende von Dresden nach Altenberg für die 53 Kilometer lange Strecke 130 Minuten Reisezeit. Der Autobus brachte ihn in 90 Minuten ans Ziel, denn der Bus musste nicht die Seitentäler ausfahren, sondern konnte die direkten, über die Höhenrücken führenden Straßen benutzen. Besonders der Wintersportler schätzte die kürzere Fahrzeit, wollte er doch für seine Passion weitgehend das Tageslicht nutzen. Der Fahrpreis betrug bei der Bahn 2,20 Mark, im Autobus 2,80 Mark. Reichspost und die Kraftverkehrsgesellschaft KVG gewährten dem Kunden Ermäßigungen beim Kauf von 10er-, 12er- und 25er-Fahrscheinheften.

Das Bedürfnis, die Eisenbahn zu benutzen, schmolz dahin. Für sie blieb das, was der Kraftverkehr nicht übernehmen mochte oder konnte: den Berufs- und Sonderzugverkehr sowie die Verkehrsspitzen an Wochenenden und Feiertagen.

Die Reichsbahndirektion Dresden versuchte, diesen Trend aufzuhalten und führte beschleunigte Reisezüge ein. Auf der Strecke Cranzahl–Oberwiesenthal beispielsweise erhöhte sich bei sonntags sechs Zügen wegen der weniger gewordenen Zwischenhalte die Reisegeschwindigkeit auf 22,1 km/h. Auf der Strecke Zittau–Oybin/Jonsdorf verließen an Schönwetter-Sonntagen alle 20 Minuten die Züge den Bahnhof Zittau Vorstadt in Richtung Gebirge. Am 6. Juni 1938 wurden in den Zügen auf dieser Strecke über 13.000 Reisende gezählt.

Außerordentlich hohe, aber örtlich und saisonal begrenzte Leistungen gab es auch im Güterverkehr, wie während der Rübenkampagne im Mügelner Netz, mit Baustoffen zum Bau der Talsperre Malter an der Strecke Hainsberg–Kipsdorf oder beim Bau der Autobahn nahe der Strecke Radebeul Ost–Radeburg. Solche Höhepunkte konnten jedoch nicht den allgemein schlechten Geschäftsgang ausgleichen. Deshalb befasste sich um 1930 eine Studie mit der Frage, wie die Wirtschaftlichkeit der Schmalspurbahnen verbessert werden könnte. Es wurden vorgeschlagen:
- die Stilllegung unwirtschaftlicher Strecken
- die Einstellung des Personenverkehrs auf einzelnen Abschnitten
- der Umbau schmalspuriger Strecken auf Normalspur.

Die ersten beiden Vorschläge wurden nur in einem Fall beherzigt; auf der Strecke Mosel–Ortmannsdorf richtete die Reichsbahndirektion Dresden Autobuslinien zum Bahntarif ein. Aber für den Umbau einer Schmalspurstrecke gibt es in dieser Zeit nur das eine Beispiel: die Strecke Heidenau–Altenberg. Der Umbau des Abschnitts Schönfeld-Wiesa–Papierfabrik 1985 war ganz anderen Ursachen – übrig gebliebene Stichstrecke sowie Fahrzeug-, Ersatzteil- und Kraftstoffmangel beim Kraftverkehr – geschuldet. Bei der Strecke Heidenau–Altenberg war der Umbau durch die Absicht veranlasst worden,

▲ Der Lokomotivführer mit Hut und weißem Kragen – seinerzeit typisch, hier vor der Lokomotive. Sie gehörte zur Gattung I K und steht um 1900 auf dem Bahnhof Ortmannsdorf. *Foto: Slg. Rasch*

▲ Die Lokomotive Nr. 168 gehört zu einer der gelungensten Gattungen für die sächsischen Schmalspurstrecken – zur IV K. Nicht ohne Stolz stellen sich die Eisenbahner vor die Maschine.

Foto: Slg. R. Preuß

▲ Siebenlehn (Strecke Wilsdruff–Nossen) mit Ladegleis, an dem die kleinen Zweiachser stehen

Foto: Slg. Ossen

parallel eine normalspurige Industriebahn von Heidenau nach Weesenstein zu führen. Hinzu kamen jedoch die Unfallgefahren an den zahlreichen schienengleichen Bahnübergängen im engen und windungsreichen Müglitztal bei steigender Verkehrsdichte und die Möglichkeit, die Trasse anzuheben, damit sie hochwassergeschützt ist. 1927 hatte ein Wolkenbruch zum verheerenden Hochwasser geführt. Die Arbeiten für die am 15. August 1938 vollendete Umspurung sollte außerdem die hier besonders große Arbeitslosigkeit lindern.

Vor dem Zweiten Weltkrieg kam es noch zu mancher technischen Neuerung, wie dem Rollwageneinsatz anstelle der Rollböcke, der Beschaffung von Einheitslokomotiven der Baureihe 99^{73-76} und von Triebwagen sowie dem Bau von Stellwerken. Ansonsten stoppten die Vorbereitungen zum Zweiten Weltkrieg die technische Entwicklung.

Während der Kriegsjahre musste zwangsläufig die Instandhaltung der Anlagen vernachlässigt werden. Es kam auch zu Einschränkungen im Fahrplan und zum Personalmangel, da immer mehr Eisenbahner zum Militärdienst einberufen wurden. Zwischen Bertsdorf und Kurort Oybin wurde, um Material zu gewinnen, in den Jahren 1944 und 1945 sogar das zweite Streckengleis abgetragen. Der Entwurf des Sommerfahrplans 1945 sah weitere drastische Einschränkungen vor, doch die heranrückenden Fronten führten im Mai 1945 ohnehin zur Einstellung des Zugbetriebs.

Die Strecken, Hochbauten und Fahrzeuge waren von Zerstörungen verschont geblieben. So konnten die Schmalspurbahnen den Betrieb rasch wieder aufnehmen, allerdings mit Einschränkungen oder Unterbrechungen über mehrere Tage, weil es an Kohlen mangelte. Ferner waren für die Reparation an die UdSSR die Strecken Herrnhut–Bernstadt und Taubenheim–Dürrhennersdorf abgetragen und in Zittau Lokomotiven abgezogen worden.

Da das Territorium östlich der Neiße zur Volksrepublik Polen kam, musste der Zugverkehr auf der Strecke Zittau–Hermsdorf eingestellt werden. 1951 war vom Ministerium für Eisenbahnwesen beschlossen worden, »Strecken für Schwerpunktvorhaben abzubauen«. Gemeint war der Eisenbahnring um Berlin, um von West-Berlin »störfrei« zu sein. Diesem Beschluss fielen die Strecken Goßdorf-Kohlmühle–Hohnstein und Mosel–Ortmannsdorf zum Opfer.

Dass nach 1945 die große Zeit der Eisenbahn wieder angebrochen war und bis 1950 der Kraftverkehr nicht nennenswert in Erscheinung trat, lag an den Fahrzeugeinbußen und am Kraftstoffmangel. Trotz Braunkohlenfeuerung vollbrachten die Schmalspurbahnen im Reise- und Güterverkehr enorme Leistungen. Ein auf den Ausflugsverkehr ausgerichteter Schönwetterfahrplan mit Vor- und Nachzügen zum Beispiel zwischen Zittau und Kurort Oybin versuchte, bei Bedarf dem Ansturm der Reisenden einigermaßen Herr zu werden. Vorspannlokomotive und Verstärkungswagen waren auf den Ausflugsstrecken sonntags selbstverständlich. Beachtlich war auch der Berufsverkehr auf den Strecken Cranzahl–Kurort Oberwiesenthal und Zittau–Kurort Jonsdorf, als die Sowjetisch-Deutsche Aktiengesellschaft Wismut Uranerzvorkommen in der Nähe dieser Strecken abbaute. Die Fahrpläne solcher Berufszüge trugen in den 50er-Jahren das Merkzeichen »Vorwiegend für Zeitkarteninhaber«.

Im Reiseverkehr kam es in den 50-er Jahren wiederholt zu Verkehrsspitzen, als mit dem neu geschaffenen Feriendienst des Freien Deutschen Gewerkschaftsbundes (FDGB) an bestimmten Tagen die Urlauber an- und abreisten. Doch seit etwa 1960 wiederholte sich die aus der Zeit nach dem Ersten Weltkrieg bekannte Entwicklung. Der zunehmende Autobusverkehr und auch bereits der Individualverkehr nahm sich immer mehr von den Anteilen, die bisher die Eisenbahn beherrschte. In den Zügen saßen nicht mehr so viel Reisende, auf kurzen Verbindungen war der Güterverkehr sogar in der zentral geleiteten DDR auf der Straße erlaubt. Verkehrspolitisch war das gewollt, denn die Kraftfahrzeuge dienten als strategische Reserve für den »Ernstfall«, und nun wurde abermals nach dem Verhältnis von Aufwand und Nutzen der schmalspurigen Eisenbahn gefragt.

Die Situation spitzte sich zu, weil umfangreiche Reparaturen zur Erhaltung der im Zweiten Weltkrieg vernachlässigten Strecken und Fahrzeuge notwendig waren; die Zahl der verfügbaren Arbeitskräfte bei der Deutschen Reichsbahn jedoch rapide zurückging. Zunächst suchten die Reichsbahndirektionen Cottbus und Dresden (seit 1. Januar 1951 lagen die Strecken Zittau–Kurort Oybin und Bertsdorf–Kurort Jonsdorf im Bereich der Rbd Cottbus) mit organisatorischen Maßnahmen der Lage zu entsprechen.

Aus der Fülle diese Maßnahmen seien die wesentlichsten genannt:
▸ Unterstellung bisher selbstständiger Bahnhöfe oder aller Dienststellen einer Strecke unter einen Mutterbahnhof (zum Beispiel am 1. Oktober 1961 Kurort Kipsdorf sowie Rabenau zu Dippoldiswalde, am 1. Januar 1971 die gesamte Strecke zu Freital-Hainsberg. Am 1. Oktober 1978 wurde jedoch der Bahnhof Dippoldiswalde wieder selbständige Dienststelle).
▸ Umwandlung von Bahnbetriebswerken in Lokomotivbahnhöfe (zum Beispiel am 1. Januar 1968 Kirchberg und Thum, unterstellt dem Bahnbetriebswerk Aue).
▸ Umwandlung von Bahnhöfen in unbesetzte Haltestellen
▸ Einführung des vereinfachten Nebenbahndienstes (zum Beispiel am 30. August 1967 zwischen Freital-Hainsberg und Kurort Kipsdorf). Bei dieser Betriebsform konnten Haltestellen betrieblich zu Bahnhöfen erklärt werden, wie 1953 Niederglobenstein.

▲ Eine Ansichtskarte von Dohna, zeigt den Bahnhof der Müglitztalbahn Heidenau–Altenberg in der Zeit, als die Strecke noch schmalspurig war. Vor überwiegend zweiachsigen Wagen steht eine Lok der Gattung V K, die die K.Sächs.Sts.E. speziell für diese Strecke beschafft hatten.
Foto: Slg. R. Preuß

▸ Verlagerung des Stückgutverkehrs auf den Kraftverkehr
▸ Verminderung von Güterzugfahrten durch Bildung von Wagenladungsknoten auf Normalspurbahnhöfen.

Solche Maßnahmen brauchten schließlich eine Konzeption. Deshalb untersuchte seit Dezember 1964 das Institut für Verkehrsforschung die Arbeitsteilung zwischen VEB Kraftverkehr und Deutscher Reichsbahn bei den 31 Schmalspurstrecken der DDR mit 1.009 Kilometer Streckenlänge.

Ein Ergebnis dieser Untersuchung lautete, der Betrieb können dann weitergeführt werden, wenn es zur Verbesserung des Oberbaus Baumaßnahmen gäbe. Baumaßnahmen im Schmalspurnetz bedeuteten aber, die Streckeninstandsetzung im Hauptnetz einzuschränken. Die Stilllegung der Schmalspurbahnen sei aber nicht nur ein technisches, sondern vor allem ein ökonomisches Erfordernis, hieß es. So habe die Kostendeckung der Strecke Meißen-Triebischthal–Wilsdruff 1963 nur 4,2 Prozent betragen. Lediglich bei der Strecke Radebeul Ost–Radeburg sei der Eisenbahnbetrieb weiter zu befürworten.

Solche Feststellungen gingen in die Generalverkehrspläne der Bezirke ein, und die Rbd Dresden betrieb nachdrücklich die Stilllegung der Strecken oder zumindest den Verkehrsträgerwechsel. Wo der Straßenausbau nicht nachkam oder der VEB Kraftverkehr den Reise- und Güterverkehr nicht völlig übernehmen konnte, ließen sich die Stilllegungspläne nur abschnittsweise verwirklichen. Als erste war die Strecke Mulda–Sayda betroffen. Mit der

▲ Die Strecke Heidenau–Altenberg wurde 1938 auf Normalspur umgestellt. Dies Aufnahme zeigt den Zustand des Schmalspurbahnhofs von Glashütte (Sachs) vier Jahre zuvor. *Foto: Slg. R. Preuß*

Zeit gingen ganze Netze verloren, wie die um Mügeln oder Wilsdruff/Meißen. Mit schlecht auf die Anschlüsse abgestimmten Fahrplänen half die Rbd Dresden nach, damit der verbliebene Teil der Reisenden den Geschmack am Schmalspurbahn-Fahren verlor. Eine umgestürzte Lokomotive (Klingenberg-Colmnitz–Frauenstein) oder eine verwehte Strecke (Oschatz–Strehla) überzeugten auch Vertreter der Staatsorgane, dass eine Schmalspurbahn letztlich unzuverlässig und überflüssig sei.

Indes: Grau ist alle Theorie. Mit der Zeit zeigte sich, wie nützlich eine Schmalspurbahn in bestimmten Situationen sein kann. Man denke nur an gutes Wintersportwetter und die Strecken Zittau–Kurort Oybin, Bertsdorf–Kurort Jonsdorf sowie Cranzahl–Kurort Oberwiesenthal. Die Anregungen eingefleischter Eisenbahnfreunde, aber auch aus der übrigen Öffentlichkeit mehrten sich, bestimmte Strecken zu erhalten, selbst wenn sie keinen Gewinn abwarfen. Hier galt das heute unbekannte Prinzip der »Volkswirtschaftlichen Bedeutung«. Unter Federführung der Hauptverwaltung des Betriebs- und Verkehrsdienstes der Deutschen Reichsbahn wurden Strecken ausgewählt, die unter dem Gesichtspunkt der Traditionspflege und ihrer Bedeutung für den Touristenverkehr nicht stillgelegt werden sollten.

Der Strecke Radebeul Ost–Radeburg wurde die Funktion einer Traditionsbahn – der Begriff »Museumsbahn« war in der DDR anrüchig – unter Beibehaltung des regulären Zugverkehrs zugedacht. Hier sollten die Dampftraktion beibehalten und Fahrzeuge im Zustand verschiedener Epochen erhalten bzw. im Zugbetrieb eingesetzt werden. Als Touristikbahnen wurden unter den sächsischen Schmalspurbahnen die Strecken Cranzahl–Kurort Oberwiesenthal, Freital-Hainsberg–Kurort Kipsdorf und Zittau–Bertsdorf–Kurort Oybin/Kurort Jonsdorf ausgewählt. Der Fahrzeugpark wurde instand gesetzt, die Dampftraktion sollte nicht zwingend sein, aber Diesellokomotiven oder -triebwagen standen ohnehin nicht zur Verfügung.

Beschränkten sich bis zur Grenzöffnung 1989 die Besuche von an den Schmalspurstrecken Interessierten auf durch das Reisebüro organisierte Veranstaltungen oder auf einzelne Besuchsreisen, wenn Verwandte in Streckennähe wohnten, so setzte nach der Wende zunächst der Neugierboom in das »lebendige Eisenbahnmuseum« ein. Reiner Enders, Stellvertreter des Generaldirektors der Deutschen Reichsbahn, holte im März 1990 einige Fachleute an den Tisch, um zu beraten, wie man auf marktwirtschaftlicher Grundlage die Strecken (nicht nur die sächsischen!) und den Fahrzeugpark gesunden und trotzdem die Attraktivität der dampfbetriebenen Strecken erhalten kann.

Zu weiteren Überlegungen und zur Umsetzung der Aufgaben kam es nicht mehr, denn besagter Stellvertreter verlor seinen Arbeitsplatz, und die Deutsche Reichsbahn wurde am 3. Oktober 1990 (de facto bereits vorher) dem Bundesverkehrsministerium unterstellt, in dem es hieß: »Für Schmalspurbahnen gibt es keinen Pfennig!«, ging man doch dort davon aus, sie seien nur für das Vergnügen da gewesen. Ein bestimmter Realismus ist dieser Auffassung nicht abzusprechen, denn vom Berufsver-

▲ Der Bahnhof Jonsdorf liegt 450 Meter hoch. Das stattliche Empfangsgebäude im Bild unten ist ein Bauwerk aus dem Jahr 1913. *Foto: Slg. Ossen*

kehr blieb wegen der Massenarbeitslosigkeit im Osten nur ein kläglicher Rest, und dieser spielte sich auf der Straße im Pkw oder Autobus ab.

Blieb der Schüler- und Ausflugsverkehr, der aber auch in einem in der DDR unbekannten Ausmaß unter die Herrschaft des Pkw geriet. Die Deutsche Reichsbahn bzw. seit 1994 die Deutsche Bahn AG kamen diesem Trend »entgegen«, indem sie für die Schmalspurstrecken durch zwei exorbitante Fahrpreisanhebungen besondere Tarife einführten. Betrug zum Beispiel bis 1990 der Fahrpreis Zittau–Kurort Oybin 1,10 Mark, als Sonntagsrückfahrkarte sogar nur 1,40 Mark, so verlangte die Deutsche Bahn vom 29. September 1996 an für die einfache Fahrt 8,40 Mark! Radebeul–Radeburg kosteten 10,40 Mark, Freital-Hainsberg–Kurort Kipsdorf 12,60 Mark. Eine dreiköpfige Familie hätte für Hin- und Rückfahrt 73,80 Mark aufbringen müssen, was einer Pkw-Tankfüllung für gut 500 km entsprach. Zumindest der Autobus war immer billiger.

Hatte man die gutwilligen Reisenden aus den Zügen vertrieben, bedurfte es nur noch der wirtschaftlichen Begründung, warum eine Schmalspurbahn überflüssig ist. Der neue Vorstand der Deutschen Reichsbahn ließ sich am 5. November 1990 einen Bericht »Zur perspektivischen Entwicklung der Schmalspurbahnen der DR« vorlegen, ausgearbeitet von der Zentralstelle Steuerung und Planung, in der jene Herren beschäftigt waren, die in den 60er-Jahren im Forschungsinstitut des Verkehrswesens der DDR die Schmalspurstrecken bereits als unrentabel berechnet hatten. Und zwar damals wie 1990 mit angreifbaren Methoden:

1. Betrachte nur die Strecke, nicht ihre Funktion im Gesamtnetz, zum Beispiel als Zubringer!
2. Stelle nach jahrzehntelanger unterbliebener Instandhaltung die Gesamtkosten einer Erneuerung den laufenden Erlösen eines Jahres gegenüber!
3. Bei den Erlösen (wie wurden sie bei durchgehender Abfertigung ermittelt?) setze nur die Tarifpreise ein und berechne nicht die Stützungen, die dem Nahverkehr gewährt werden!
4. Halte die Fahrpreise für unveränderlich, ebenso ungeprüft die hohen Kosten für die Instandhaltung!
5. Führe ständig Aussagen mit negativer Wertung, wie »Der Dampflokpark ist vollkommen überaltert und in schlechtem Zustand« und bestimme damit die Schlussfolgerungen nur in eine Richtung!
6. Führe immer nur das Baujahr der Fahrzeuge an, nicht aber die Rekonstruktion und Modernisierung, für die die Deutsche Reichsbahn bekanntlich eigene Werke unterhielt!

Der Bericht hatte nur einen Zweck: Er sollte die spontane Auffassung der Auftraggeber bzw. Vorgesetzten stützen. Das behauptete Verhältnis der Erlöse zu den Kosten der Verkehrsleistungen von 1 : 2,6 bis 1 : 8,2 musste schrecklich ausfallen. Noch 1997 behauptete ein sächsischer »Experte« auf die Frage, ob es keine Mischkalkulation gäbe: »Mischverkehr haben wir abgeschafft!«

1990 lautete die Empfehlung, die Strecken zu »regionalisieren«, das heißt, sie an die Kommunen oder Landkreise abzustoßen. Die Staatsbahn, die einst die sächsischen Strecken errichtet hatte, wollte nur rentable Streckenabschnitte betreiben oder sich den Betrieb von den Ländern oder Landkreisen bezahlen lassen. So lautete auch der Beschluss des Vorstandes der Deutschen Bahn vom 12. April 1994 mit dem Unterschied, die Strecken bereits vor dem amtlichen Beginn der Regionalisierung des Öffentlichen Personennahverkehrs am 1. Januar 1996 abzustoßen.

Dass sich auch dieser Beschluss nicht so schnell umsetzen ließ, hatte mehrere Gründe:

1. Die Deutsche Reichsbahn bzw. die Deutsche Bahn AG war zu keiner Anschubfinanzierung bereit, obwohl sich die Anlagen und Fahrzeuge teilweise im verwahrlosten Zustand befanden. Im Gegenteil – sie wollte durch den Verkauf von Fahrzeugen und »nicht betriebswichtigen« Immobilien ein Geschäft machen.

▲ Bahnhof Kurort Jonsdorf um 1957: Während der Triebwagen VT 137 322 rangiert, entlädt der Kohlenhändler die Kohle aus dem normalspurigen Wagen. Vor dem Bahnübergang zeigte damals das Warnkreuz, dass die Straße mehr als ein Gleis überquert.
Foto: Slg. R. Preuß

▲ Vom Hetzdorfer Viadukt (Strecke Dresden–Werdau) überblickte man den Bahnhof Hetzdorf (Flöhatal), in dem zwischen 1893 und 1967 die Schmalspurbahn nach Eppendorf und später nach Großwaltersdorf begann. Der gefallene Schnee hebt gut die Schmalspurgleise rechts und links der normalspurigen Gleise hervor, die zur Strecke Flöha–Pockau-Lengefeld gehören. Im Bild unten rechts ist der kleine Lokomotivschuppen für die Schmalspur-Maschinen zu erkennen (1966). Foto: Meyer

2. Nicht eindeutig war die Zuscheidung des Personals.
3. Das Ministerium für Wirtschaft und Arbeit des Freistaates Sachsen sah sich nicht zu einer Sonderlösung mit den sächsischen Schmalspurstrecken bereit, betrachtete sie vielmehr als Anlagen des Schienenpersonennahverkehrs mit anderer technischer Ausstattung.

1996 bildete das Ministerium eine Nahverkehrsgesellschaft, die aber nichts bewirkte. Lediglich die Strecke Cranzahl–Kurort Oberwiesenthal fand einen neuen Eigentümer. Exemplarisch für die Vorgänge um die sächsischen Schmalspurbahnen ist die Döllnitzbahn Oschatz–Mügeln–Kemmlitz. Seit 1990 forderte die Rbd Dresden die Kunden des Güterverkehrs zum Verzicht ihres Gleisanschlusses auf. Ende 1993 wollte sie die Strecke stilllegen. Das wichtigste Transportgut der Strecke, der Kaolin, sollte mit Lkw von Kemmlitz nach Oschatz gebracht werden. Um das zu verhindern, verhandelte der Fahrgastverband PRO BAHN im Juni 1992 mit der Deutschen Reichsbahn. Am 14. Oktober 1992 begannen im Landratsamt Oschatz die Verhandlungen wegen der Streckenübergabe. Wie die vor sich gingen, entnehmen wir der Zeitschrift »Signal«, Berlin, 4/1994: »Von der ursprünglich vorgesehenen Anschubfinanzierung konnte auf einmal nicht mehr ausgegangen werden, da die Bahn im Regelverkehr nur Güter transportiert. Protokollarische Festlegungen wurden zerredet und nicht mehr eingehalten: Eine bereits unterzeichnete Fahrzeugübernahmeliste stand plötzlich wieder zur Disposition. Zur Übernahme vorgesehene Schienenfahrzeuge und Geräte wurden trotz Stillhaltevereinbarung an Dritte abgegeben. Es wurde immer stärker deutlich, daß die DR nicht so recht an die Ernsthaftigkeit des Übernahmewunsches glaubte.« Ihr wäre es vermutlich lieber gewesen, die Strecke – der letzte Rest des einst ausgedehnten Mügelner Netzes – wäre stillgelegt worden.

Am 17. Dezember 1993 wurde der Vertrag zur Übergabe der Strecke und der Fahrzeuge unterzeichnet, und offiziell nahm die Döllnitzbahn GmbH (DBG) am 5. Februar 1994 den Betrieb auf. Inoffiziell wurde bereits seit dem 21. Dezember 1993 gefahren. Gesellschafter der DBG sind der Landkreis Torgau-Oschatz und die Deutsche Regionalbahn – ein Sondervermögen des Bahnkundenverbandes –, die auch den Betrieb führt. Statt der 31 Eisenbahner, die 1993 an der Strecke Oschatz–Kemmlitz im Dienst waren, beschäftigt die neue Bahn nur vier Eisenbahner!

Seit September 1992 trug sich der Landrat des Kreises Zittau mit dem Gedanken, die Regionalisierung der Schmalspurbahn durch das Staatsministerium nicht abzuwarten. Im Dezember 1992 kam es zur Versammlung der Gesellschaftsvertreter – der Kreis, die Stadt und die Anliegergemeinden –, die im Sommer 1993 eine Geschäftsstelle einrichteten. Im Juli 1994 wurde die Sächsisch-Oberlausitzer Eisenbahn-Gesellschaft (SOEG) gegründet. Nach aufregenden Verhandlungen zwischen dem Landkreis Löbau-Zittau und der Deutschen Bahn

▲ Auf den Höhen des Vogtlandes dampft der »gemischte Zug« von Rothenkirchen (Vogtl) nach Schönheide Süd, hier am 7. Juli 1974 bei Stützengrün.
Foto: R. Preuß

▲ Mulda (Sachs) mit Schmalspurfahrzeugen: Bis Juli 1966 fuhren von hier die Züge nach Sayda (1966)
Foto: Meyer

kam es am 1. Dezember 1996 in Oybin (übrigens bei gleichem Winterwetter wie 1890 zur Eröffnung) zur Unterzeichnung des Übergabevertrages. Den Betrieb führt die Sächsisch-Oberlausitzer Eisenbahn-Gesellschaft aus. Ein Pilotprojekt für Sachsen war sie nicht, weil das Wirtschaftsministerium das »Vorpreschen« des Landkreises Löbau-Zittau missbilligte.

Schmalspurfahren wurde auf beiden Seiten – für das Unternehmen und für den Fahrgast – eine kostspielige Angelegenheit und würde noch teurer sein, wenn nicht der Zweckverband Regionalisierungsmittel bereitstellte.

Für die Strecken Radebeul Ost–Radeburg und Freital-Hainsberg–Kurort Kipsdorf fand sich auch noch ein Betreiber, denn seit dem 1. Januar 2001 führte die in Leipzig ansässige Mitteldeutsche Bahnreinigung (BRG), eine hundertprozentige Tochter der Deutschen Bahn, den Betrieb. Der Sinn solchen Statuswechsels kann nur die Veränderung der sozialen Stellung der Eisenbahner sein, sprich: Einsparungen an Lohnkosten. Bei der Mitteldeutschen Bahnreinigung schlugen aber die Herzen ehemaliger Reichsbahner und Absolventen der Hochschule für Verkehrswesen »Friedrich List« für die beiden Strecken. Sie meinten, unter ihrer Ägide ließen sich die Strecken am Leben erhalten. Das währte, wie sich noch zeigen wird, nicht lange.

▲ Das obere Erzgebirge gilt als sächsischen Schneeparadies, und die Bahn von Cranzahl nach Kurort Oberwiesenthal verdient an den Wintersportlern. Im Bahnhof Neudorf (Erzgeb) legte am 20. Februar 1976 die 99 1790 mit ihrem Personenzug einen Zwischenhalt ein.
Foto: R. Preuß

▲ Oybin im Zittauer Gebirge bietet dem Touristen zahlreiche Überraschungen. Der Endbahnhof Kurort Oybin liegt mitten im Ort. Im Hintergrund der Ameisenberg, der wegen seiner dreigliedrigen Form so genannt wird (1971).
Foto: R. Preuß

▲ Der Zug aus Wolkenstein ist mit seinen fünf Personenwagen gerade in Jöhstadt angekommen (17. August 1974). Die Fahrt auf der 23 km langen Preßnitztalbahn hatte eineinhalb Stunden gedauert.
Foto: R. Preuß

▲ Schwer war die Arbeit der Rangierer an der Spurwechselanlage, wie hier in Wolkenstein (18. März 1973). Der Fahrplan diktierte den Arbeitsrhythmus im rauen Erzgebirgsklima. Die Rollwagen werden zusammengesetzt, damit auf sie die normalspurigen Wagen geschoben werden können.
Foto: R. Preuß

3. ORGANISATION UND BETRIEBSFÜHRUNG

▲ Der Bahnhof Wilsdruff auf einer Ansichtskarte mit Blick in Richtung Freital-Potschappel. Die 99 678 zieht einen Wagen von einem Zug aus Freital-Potschappel ab. An dem am Empfangsgebäude angebauten Güterboden stehen ein zweiachsiger und zwei vierachsige bedeckte Güterwagen, rechts im Bahnhof ein leerer Rollwagen, aber auch normalspurige Güterwagen auf Rollwagen sind zu sehen. Zwei Tafelwagen stehen auf dem Bahnsteig für die Aufnahme von Expressgut. Rechts im Bild ist noch etwas vom Lokomotivschuppen zu sehen.

Foto: Sammlung Meyer

Über den Staatseisenbahnen im Königreich Sachsen stand das Finanzministerium mit der Abteilung III für die Eisenbahnangelegenheiten. Unter Aufsicht des Finanzministers war die Generaldirektion der Staatseisenbahnen für die Leitung und Verwaltung der im Betrieb und im Bau befindlichen Staatseisenbahnen zuständig.

Sämtliche Schmalspurstrecken wurden, wie bereits erwähnt, bei den Königlich Sächsischen Staatseisenbahnen (K.Sächs.Sts.E.) als Sekundärbahnen betrieben. Bei diesen wurde wegen der Sparsamkeit von den sonst üblichen Unterstellungsverhältnissen abgewichen. Für die gesamte Betriebsabwicklung einer Strecke war der Bahnverwalter verantwortlich. Er übte die Aufsicht über das Stations-, Lokomotiv- und Fahrpersonal und über die Bahnunterhaltung aus. Dem Bahnverwalter der Strecke Mügeln (b. Pirna)–Geising-Altenberg war noch ein Bahnmeister zugeordnet.

Die Bahnverwalter unterstanden zunächst der Generaldirektion der Staatseisenbahnen, was sich mit der Zunahme an Schmalspurstrecken änderte. Vom 1. August 1892 an wurden sie den oberen Dienststellen der Hauptbahnen, das heißt den Betriebs-Oberinspektionen, unterstellt. Zugleich hatten die Bahnverwalter für die Bahnunterhaltung und den Maschinendienst weitere Dienststellen in den Grenzen ihrer Zuständigkeit zu respektieren.

Mit der seit dem 1. Januar 1910 bestehenden Organisation der Königlich Sächsischen Staatseisenbahnen waren der Generaldirektion Betriebsdirektionen und ihnen wiederum die Bahnverwaltereien nachgeordnet. Die Maschineninspektionen hießen vom Jahre 1910 an Maschinenämter.

In den ersten Jahren des Schmalspurbahnbetriebes waren nur auf den wichtigsten Stationen Eisenbahner angestellt. Ansonsten wurden stationäre Dienste Privatpersonen, so genannten Vertragseisenbahnern oder Agenten, überlassen. So war es keine Seltenheit, dass der Bahnhofs-Gastwirt beim Eintreffen eines Zuges den Schanktisch verließ, auf den Bahnsteig eilte, dort einige Kisten Stückgut auslud, beim Rangieren die Weichen stellte und Wagen kuppelte. Solche Dienste vergütete die Eisenbahn nicht, der Agent hatte sogar noch eine Kaution von 200 bis 600 Mark zu hinterlegen, um als Vertragseisenbahner überhaupt arbeiten zu dürfen. Auf seine Kosten kam der Gastwirt nur durch Gebühren, die er den Versendern bzw. Empfängern zusätzlich in Rechnung stellen durfte. Sie betrugen beispielsweise für eine Wagenladungssendung 1 Mark, für ein ma-

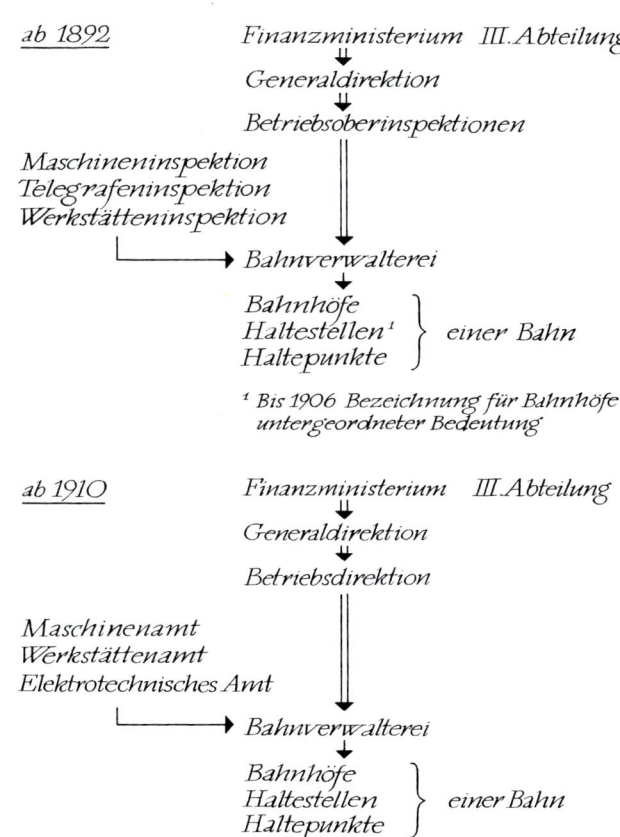

geres Schwein 5 Pfennig und für ein Mastschwein 10 Pfennig.

Auf den kleinen Stationen ohne Güterverkehr konnte man sogar ohne den Güteragenten auskommen. Fahrkarten verkaufte der Zugführer am Gepäckwagen, der dazu mit einem Fahrkartenschrank ausgestattet war. Zum Zugpersonal gehörten der »zugführende Schaffner« und der Bremser. Richtiger Zugführer bei der Hauptbahn konnte der Schaffner erst nach seiner Bewährung auf der Schmalspurstrecke werden! Vom Schaffner wurde neben dem Zugführerdienst erwartet, dass er auf den Haltestellen Fahrkarten verkaufte, Gepäck abfertigte, die Fahrkarten im Zuge kontrollierte, Stückgut aus den mitgeführten Güterwagen ein- und auslud und beim

▲ Einer der letzten Rollwagen-Züge auf sächsischen Schmalspurbahnen steht in Neudorf (Erzgeb) am 6. September 1995. Eine mit Gleiserneuerungsarbeiten beauftragte Firma hatte ihn bestellt.
Foto: R. Preuß

▲ Auf und in den Gleisen der Schmalspurstrecke nach Thum postiert sich das Personal vom Bahnhof Meinersdorf. Links im Hintergrund eine Lokomotive der Gattung IV K. Die Schmalspurbahn ist heute längst verschwunden, das Empfangsgebäude an der Strecke Chemnitz–Aue (Sachs) steht noch fast unverändert. Foto: Meyer

Rangieren mit dem Güteragenten schließlich noch die Weichen bediente.

Auch für den Lokomotivdienst gab es die Kopplung zwischen Hauptbahn und Sekundärbahn. Reserveführer der Hauptbahn fuhren Schmalspurlokomotiven so lange, bis sie entsprechend ihrem Dienstalter zu Lokomotivführern befördert werden konnten. Der dem Lokomotivführer beigegebene »Feuermann« hatte nicht nur für Dampf zu sorgen, sondern auch beim Ein- und Ausladen der Stückgüter zu helfen und sich im Rangierdienst beim Schieben der Wagen zu beteiligen.

Mit Bildung der Deutschen Reichsbahn (ab 1924: Deutsche Reichsbahn-Gesellschaft) wurde 1920 die Organisationsform der sächsischen Schmalspurbahnen geändert. Die Besonderheiten des sächsischen Sekundärbahnbetriebes gab es fortan nicht mehr. Alle Strecken unterschieden sich von nun an in Haupt- und Nebenbahnen.

Die schmalspurigen gehörten zu den Nebenbahnen. Das hatte für die Ausgestaltung mit Sicherungstechnik, für die Geschwindigkeiten der Züge und für den Oberbau Bedeutung und auch für die Leitung des Betriebes. Diese hatte für die Nebenbahnen nicht mehr ihre Besonderheiten. Ein wenig verwundert es, wieso die elf Bahnver-

waltereien erst 1930 aufgelöst worden sind.
Die obere Ebene der sächsischen Normal- und Schmalspurstrecken war jetzt die Reichsbahndirektion Dresden. Ihr wurde eine Vielzahl von Ämtern nachgeordnet, und zwar beispielsweise mit dem Stand von 1927:
- 6 Betriebsdirektionen
- 2 Bauämter
- 3 Elektrotechnische Ämter
- 5 Maschinenämter.

Die Ämter waren für die Normal- und Schmalspurstrecken in ihren Bezirken zuständig. Größere Schmalspurbahnhöfe erhielten einen Bahnhofsvorsteher, dem weitere kleinere Bahnhöfe, Haltestellen und Haltepunkte unterstanden. Das Zugbegleitpersonal unterstand entweder dem Bahnhofsvorsteher eines Schmalspurbahnhofs oder bei Stichbahnen dem Bahnhofsvorsteher des Normalspurbahnhofs, das Lokomotivpersonal dem Vorsteher des Bahnbetriebswerks.

Zu einer Episode in den Unterstellungsverhältnissen kam es in den Wirren zum Ende des Zweiten Weltkriegs. Amerikanische Truppenverbände besetzten in den letzten Apriltagen 1945 Teile Westsachsens, wo die Reichsbahndirektion Zwickau entstand. Ihr waren die Schmalspurstrecken Wilkau-Haßlau–Carlsfeld, Mosel–Ortmannsdorf, Grünstädtel–Oberrittersgrün, Reichenbach (Vogtl) unt Bf–Oberheinsdorf und Klingenthal–Sachsenberg-Georgenthal zugeordnet. Mit der endgültigen Festlegung der Besatzungszonen im Sommer 1945 wurde die Reichsbahndirektion Dresden alleinige Direktion für die sächsischen Eisenbahnstrecken.

In der Entwicklung des Eisenbahnwesens nach dem Zweiten Weltkrieg kam es erneut zu Veränderungen bei den sächsischen Schmalspurstrecken. Einige fielen unter die Reparationen, die der Sowjetunion zu erbringen waren. Die Strecke Zittau–Hermanice (Hermsdorf) gehörte von 1945 an, da sie zum größten Teil östlich der Neiße lag, durch die neue Oder-Neiße-Grenze nicht mehr zum Eisenbahnnetz der Deutschen Reichsbahn.

Verwaltungstechnisch blieb die Reichsbahndirektion, aber die Ämter wurden in so genannte Einheitsämter verwandelt, die nur für den Betriebs- und Verkehrsdienst zuständig waren. Bahnmeistereien, Bahnbetriebs- und Bahnbetriebswagenwerke unterstanden der jeweiligen Verwaltung der Reichsbahndirektion.

Am 1. Januar 1951 sind die Direktionsgrenzen neu festgelegt worden; der Reichsbahnamtsbezirk Bautzen und mit ihm die Schmalspurstrecken Zittau–Kurort Oybin sowie Bertsdorf–Kurort Jonsdorf gehörten nun zur Rbd Cottbus. Durch ein Strukturänderung wurde am 1. Oktober 1990 die Reichsbahndirektion Cottbus aufgelöst, die genannten Strecken unterstanden nun wieder der Rbd Dresden.

▲ Das Wort »Kleinbahn« für eine Eisenbahn untergeordneter Bedeutung kommt vom preußischen Kleinbahngesetz und galt für schmalspurige wie normalspurige Strecken von lokaler Bedeutung in Preußen. Dennoch benutzt der Volksmund in Sachsen den Begriff für eine schmalspurige Eisenbahn, was das Schild in Freital belegt (1980). *Foto: E. Preuß*

Einige Bemerkungen zum Zugbetrieb: Bei den wenigen Zügen, die in den ersten Jahren des Schmalspurbetriebs fuhren, war es nicht nötig, dass sich die Eisenbahner über die Zugfolge von Station zu Station verständigten. Der Fahrplan war die Grundlage des Zugverkehrs. Erst, als der Zugverkehr reger wurde, musste die Verständigung zwischen den Betriebsstellen geregelt werden.

Die Schmalspurbahnen der Deutschen Reichsbahn vor und nach 1945 kannten zwei Betriebsformen, die nach den Fahrdienstvorschriften und die nach den Vorschriften für den vereinfachten Nebenbahndienst. Bei der ersten Regelung verständigten sich die Fahrdienstleiter von Bahnhof zu Bahnhof fernmündlich über eine bevorstehende Zugfahrt und über das Eintreffen des vollständigen Zuges durch die so genannte Zugmeldung (Anbieten bzw. Vorausmeldungen, Annehmen bzw. Wiederholen der Vorausmeldung, Rückmelden). Dadurch war gesichert, dass der Streckenabschnitt für den Zug frei war und sich höchstens ein Zug im abgegrenzten Streckenabschnitt befand.

Die zweite Form wurde bei einfachen Verhältnissen angewandt und ist seit der Rationalisierung des Betriebsdienstes in den 70er-Jahren, um die Besetzung der Bahnhöfe mit Fahrdienstleitern zu sparen, auf allen Schmalspurstrecken eingeführt worden. An Stelle der Hauptsignale werden die Bahnhöfe von Trapeztafeln begrenzt, vor der bei Kreuzungen der zweite Zug zu halten hat, bis ihn das Personal des zuerst eingefahrenen

▲ Nicht alle schmalspurigen Bahnen in Sachsen gehörten den Staatseisenbahnen. Die Dresdner Verkehrsbetriebe z.B. betrieben eine kleine Güterzuführungsanlage in Meterspur. Auf dem Bild (24. Februar 1961) kommt die elektrische Lokomotive 3091 aus dem Straßenbahnhof Deuben und befährt das Dreischienengleis, das gemeinsam mit der 1450-mm-Spur der Dresdner Straßenbahn benutzt wurde.
Foto: Meyer

schlüssel erst dann freibekam, wenn sich die Weichen und Gleissperren in der ursprünglichen Lage befanden. Dem Fahrdienstleiter musste der Zugführer den Streckenschlüssel zeigen, sodass über die Stellung der Weichen auf der freien Strecke Gewissheit bestand und weitere Zugfahrten zugelassen werden konnten.

Zu den Besonderheiten des Betriebsablaufs gehörten zweifelsohne die Schwierigkeiten, die sich aus dem Zusammentreffen unterschiedlicher Spurweiten ergaben. Der zusätzliche Umschlag konnte bei entsprechendem Güteraufkommen ein beträchtliches Ausmaß annehmen.

In den ersten Jahren war der Übergang von Wagenladungen und Stückgütern nur durch das Umladen möglich. Lebendvieh musste mitunter von Wagen zu Wagen getragen werden. Für Stückgüter waren die Flächen der Güterböden oder Umladeschuppen so hoch verlegt, dass die Böden der Güterwagen auf gleicher oder schiefer Ebene erreicht werden konnten. Das Überladen von Wagenladungen war eine besonders beschwerliche Arbeit. Nicht nur mit der Schaufel musste hantiert werden, sondern Ziegel, Pflastersteine und andere Güter gingen von Hand zu Hand. Für die Umladung galten Akkordlohnsätze; die Staatsbahnverwaltung berechnete den Kunden den Umschlag mit 2 Pfennigen je 100 kg. Dieser Umladebetrieb blieb – mitunter durch eine Krananlage erleichtert – bis zur Betriebseinstellung der Strecken Mosel–Ortmannsdorf, Grünstädtel–Oberrittersgrün, Herrnhut–Bernstadt, Kohlmühle–Hohnstein, Mulda–Sayda und Klingenberg-Colmnitz–Frauenstein bestehen.

Rollfahrzeuge vereinfachten den Übergang der Wagenladungen von der Normal- zur Schmalspurstrecke und umgekehrt wesentlich. Drei Entwicklungsschritte sind zu nennen: 1884 Umsetzkästen, von 1885 an Rollböcke und von 1901 an Rollwagen. Umladung und Rollfahrzeugverkehr blieben auf einigen Strecken ziemlich lange nebeneinander bestehen. Noch 1923 behielt sich die Reichsbahndirektion Dresden die Entscheidung vor, für welche Güter der Transport in Wagen auf Rollfahrzeugen vorzusehen war. Dazu galten folgende Grundsätze:

1. Ein Recht auf die Verwendung staatlicher Rollfahrzeuge steht den Versendern und Empfängern von Gütern nicht zu.
2. Die staatlichen Rollfahrzeuge sind vorzugsweise zur Beförderung von solchen in Normalspurwagen verladenen Gütern zu benutzen, deren Umladung auf den Spurwechselstationen besonders schwierig und zeitraubend ist oder leicht eine Beschädigung oder Wertminderung des Gutes herbeiführen kann, wie Briketts,

Zuges durch ein Pfeifsignal genehmigt, in den Bahnhof einzufahren. Nicht mehr jeder Bahnhof hat einen Fahrdienstleiter, sondern einem ist ein größerer Streckenabschnitt zugeordnet. Er nennt sich Zugleiter und sein Bahnhof Zugleitbahnhof. Der Zugverkehr richtet sich nach den Dienstfahrplänen. Die Zugführer holen sich – wie im Buchfahrplan vorgeschrieben – vom Zugleiter fernmündlich oder durch Funk die Erlaubnis zur Fahrt ein. Abweichungen vom planmäßigen Zuglauf und vom Melderhythmus weist der Zugleiter den Zugführern mit schriftlichem Befehl an. Auch beim vereinfachten Nebenbahndienst gilt, dass die Züge im Raumabstand verkehren; zwischen zwei Zuglaufstellen darf sich höchstens ein Zug befinden.

Eine Besonderheit des Schmalspurbahnbetriebs war der Streckenschlüssel solange, wie Anschlussbahnen (dieser Begriff wechselte im Laufe der Zeit: Anschlussgleis, Anschlussstelle, Anschlussbahn) der freien Strecke bedient wurden. Die Zugführer der Güterzüge erhielten für die Weichen der Anschlussbahnen auf freier Strecke einen Streckenschlüssel. Er passte zur Gleissperre, die die Strecke gegen das Abrollen von Wagen aus dem Anschlussgleis sicherte. War die Gleissperre abgelegt, wurde der Schlüssel für das Weichenschloss freigegeben. Erst dann konnte die Weiche zur Anschlussbahn umgestellt werden. Schlüsselabhängigkeiten sicherten, dass der Zugführer nach dem Rangieren den Strecken-

Glas- und Tonwaren, feine Maschinen und Metallteile, gute Möbel, geschliffene und polierte Steine, Schiefer, glasierte Ziegel, Mauerziegel, Bruchsteine, Kalk, Feld- und Gartenfrüchte in loser Schüttung und dergleichen.«

Durch die Rollfahrzeuge gingen die Umladeschäden, wie Verlust und Bruch, zurück. Andererseits entfernte man sich mit ihnen von dem früheren Grundsatz, Schmalspurbahnen mit einfachsten Mitteln zu betreiben. Dennoch: Die Ausdehnung des Rollfahrzeugverkehrs, besonders der Einsatz von Rollwagen, war beispielgebend für einige andere Schmalspurbahnen in Deutschland.

Das System der Umsetzkästen wurde von 1884 bis 1885 auf dem Bahnhof Klotzsche bei Dresden von den K.Sächs. Sts.E. erprobt, und zwar mit einem offenen und einem gedeckten Umsetzkasten. Versandgut war Töpfereiware aus Königsbrück. Durch Wegfall der Handverladung sollten die Bruchverluste ausgeschlossen werden. Die Wagenkästen wurden im Bahnhof Klotzsche von schmalspurigen auf normalspurige Drehgestelle oder umgekehrt umgesetzt. Zum Heben ist eine Krananlage benutzt worden. Ob das frühe Containersystem erfolgreich war, ließ sich bisher nicht ermitteln. Fest steht lediglich, dass die Umsetzwagenkästen mit dem Umbau der Strecke Klotzsche–Königsbrück auf Normalspur aufgegeben wurden.

Zwischen 1885 und 1894 hatten die Sächsischen Staatseisenbahnen 14 Langbeinsche Rollböcke, davon acht mit Bremse, beschafft (Paul Langbein, 1842–1908, war Technischer Direktor im Zweigwerk Saronno der Maschinenfabrik Esslingen). Die Ersten liefen auf der Strecke Klotzsche–Königsbrück. Von 1887 an stellten die Papierfabrik Wilischthal und die Erzgebirgische Dynamitfabrik zu Geyer acht eigene Rollböcke bei den Staatseisenbahnen ein. Die insgesamt 319 Rollböcke blieben mehrere Jahrzehnte in Betrieb. Die Letzten für 750 mm Spurweite beheimatete die Reichsbahndirektion Dresden in Taubenheim und in Zittau. 1925 gab es in Zittau noch 69 Paar.

- Die Rollböcke – für jede Normalspurachse einen Rollbock hatten 12,5, 13, 13,5 und 15 t Tragfähigkeit, konnten also Normalspurwagen mit einem Gesamtgewicht von 25 t, 26 t, 27 t und 30 t tragen. Die vier Bauarten unterschieden sich in der Tragklauenhöhe und in der Befestigungsart der Regelspurachse:
- Bauart »Sächsische Staatseisenbahn« mit einer Tragklauenhöhe von 375 mm
- Bauart »Aktiengesellschaft für Fabrikation von Eisenbahnmaterial Görlitz« mit einer Tragklauenhöhe von 140 mm

▲ Der Bahnhof Lommatzsch in Richtung Mertitz Gabelstelle (1966): Man sieht, die Schmalspurbahn wurde hier vom Güterverkehr geprägt. *Foto: Meyer*

- Bauart »Düsseldorfer Eisenbahnbedarf« in Düsseldorf-Oberbilk mit einer Tragklauenhöhe von 140 mm
- Bauart »Esslinger Maschinenfabrik« mit einer Tragklauenhöhe von 140 mm.

Bei verschiedenen Rollböcken der drei letztgenannten Bauarten ist nachträglich der Verschluss nach der Bauart der Sächsischen Staatseisenbahnen verändert worden. Für das Aufladen auf die Rollböcke hatte der Spurwechselbahnhof ein Verladegleis. Während sich das Schmalspurgleis entsprechend der Tragklauenhöhe vertieft in der Waagerechten befand, senkte sich das Normalspurgleis parallel dazu auf 8 m Länge um 40 mm. Die Differenz der Schienenoberkanten vom tiefer liegenden Schmalspurgleis zum Normalspurgleis betrug 155 mm. Die Rollböcke mussten unter die Normalspurwagen geschoben und die Gabeln unter den Achsen aufgerichtet werden. Beim Verschub der Normalspurwagen in Richtung Schmalspur nahmen die Achsen des Normalspurwagens den Rollbock mit, bis die Normalspurräder auf den Bock aufsetzten und der Wagen sich von den Schienen des Normalspurgleises abhob. Danach wurden die Achsen und Räder befestigt.

Mit Rollböcken war der Transport der meisten Normalspurwagen auf den Schmalspurstrecken möglich; dabei konnte der Schmalspurzug recht enge Bögen durchfahren. Nachteilig war die Beschränkung auf zweiachsige Wagen. Wegen der ungünstigen Schwerpunktlage kam es mitunter zu Kippunfällen.

▲ Spurwechselbahnhöfe sind Umschlagplätze: Bis in die 30er-Jahre hinein mussten Massengüter mit Muskelkraft umgeladen werden, wie hier in Cranzahl. *Foto: Sammlung E. Preuß*

Den ersten sächsischen Rollwagen lieferte 1901 die Görlitzer Aktiengesellschaft für Fabrikation von Eisenbahnmaterial. Der weitere Beschaffungszeitraum der nahezu 1000 Rollwagen erstreckte sich bis 1955 mit der Bauart Babelsberg. So wie der Güterverkehr auf den Schmalspurbahnen zu Ende ging, brauchte man die Rollwagen nicht mehr. Der letzte Transport mit diesen Fahrzeugen fand im November 2001 zwischen Kemmlitz und Oschatz statt. Zur Anschauung stellen Museumsbahnen und Vereine noch Rollwagen aus (z. B. Jöhstadt, Radebeul Ost, Schönheide, Zittau).

Die Rollwagen ersetzten im Laufe der Jahre auf den Strecken mit 750 mm Spurweite alle Rollböcke, sodass als Ausnahme die meterspurige Strecke Reichenbach–Oberheinsdorf blieb, wo bis zum letzten Betriebstag Rollböcke fuhren. Im Betrieb unterlagen Rollwagen einigen Sonderbedingungen, so unter anderem:

▸ Die Ladung der Normalspurwagen musste gleichmäßig verteilt sein.
▸ Ab Windstärke 7 (entspricht 18 m je Sekunde) durften Normalspurwagen auf Rollwagen, die wegen geringer Masse oder großer Angriffsfläche leicht kippen konnten, nicht transportiert werden.

Die Nachteile des Rollbocks traten beim Rollwagen nicht auf. Der Rollwagen ist ein vier- oder sechsachsiger schmalspuriger Tragwagen mit einem Normalspurgleis, auf das fast jeder Normalspurwagen aufgerollt und transportiert werden kann.

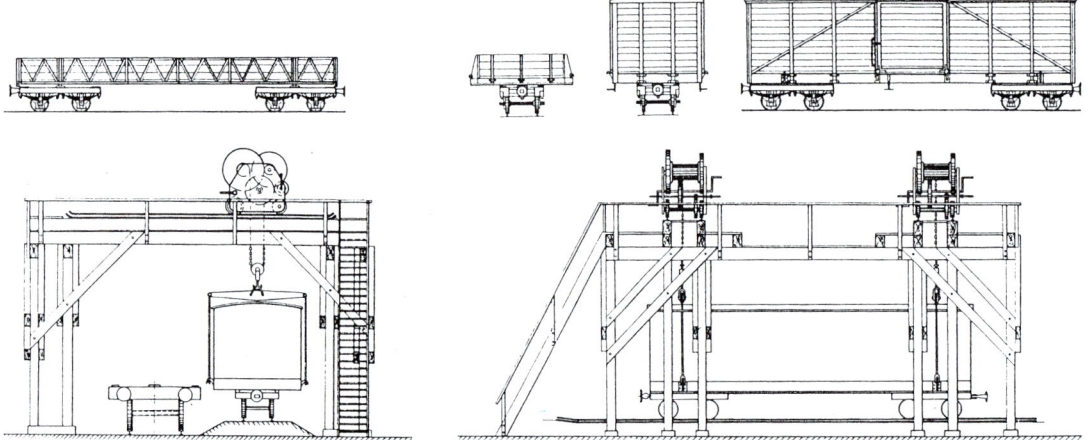

▲ Ein frühes Container-Transportsystem, lange bevor es die Amerikaner erfanden, wendeten die sächsischen Staatseisenbahnen bereits um die Jahrhundertwende an, um das Umladen der Güter zu vermeiden. In Klotzsche war dazu ein Portalkran aufgestellt, der die Wagenkästen von den Normalspurdrehgestellen auf die Schmalspurdrehgestelle umhob. Als Behälter dienten abnehmbare offene oder geschlossene Wagenkästen. In Modifikationen entspricht dieses System der »Umsetzwagenkästen« dem modernen Containersystem mit Torlader, Flats usw. Seinerzeit verwarf man es nach einjähriger Erprobung.

Abbildung aus: Ledig, Ulbricht: Die schmalspurigen Staatseisenbahnen im Königreiche Sachsen

- Kesselwagen mussten bis mindestens 90 Prozent ihres Rauminhalts gefüllt sein.
- Auf Rollwagen durften nicht befördert werden: vierachsige Selbstentladewagen, Drehgestellwagen mit mehr als zwei Achsen je Drehgestell, Schemelwagenpaare, die durch eigene Schraubenkupplung verbunden waren, und Wagen mit nicht angebundenem Großvieh.
- Die Höchstgeschwindigkeit betrug 20 km/h. Auf Abschnitten mit Radien von 100 m musste die Geschwindigkeit auf 15 km/h ermäßigt werden, wenn Leitschienen fehlten.
- Für das Schieben von Rollwagen im Rangierbetrieb galten infolge der starken Beanspruchung der Kuppelbäume besondere Vorschriften.
- Zügen mit Personenbeförderung durften nicht mehr als drei beladene Rollwagen beigestellt werden.
- Im Zug durften nur bis zwei Rollwagen eingestellt werden, die durch Normalspurwagen verbunden waren. Das kam vor, wenn zum Beispiel Drehgestellwagen auf Rollwagen gesetzt wurden.

Zum Be- und Entladen wurden die Rollwagen in der Überladestelle an die Rampe des Normalspurgleises gefahren, mit der Klammer verbunden und die Langträgerenden durch die Keile unterstützt. Wenn Normalspurwagen oder ihre Drehgestelle den Rollwagen befahren hatten, wurden die Radvorleger hochgeklappt und mit Spindeln an den Radreifen festgelegt. Um die Achsen der Normalspurwagen wurden noch Bügel gelegt, die an Ketten hingen. Nacheinander wurde jeder Rollwagen vorgezogen und mit einem Kuppelbaum verbunden.

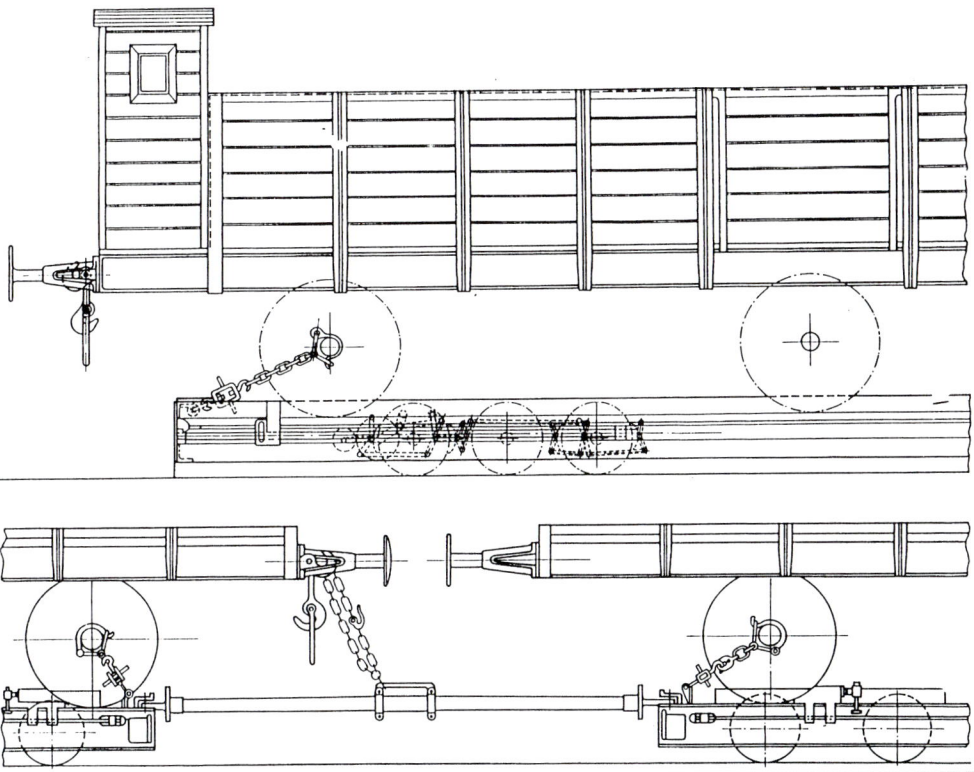

▲ Rollwagen können im Gegensatz zu Rollböcken zweiachsige Normalspurfahrzeuge komplett aufrollen lassen. Drehgestellwagen wurden auf zwei Rollwagen gesetzt. Das System nebst Wagenbefestigung ist oben dargestellt. Wegen des weiten Überhangs waren zwischen den Rollfahrzeugen Sonderkupplungen nötig, so genannte Kuppelbäume. *Abbildung aus: Vorschriften für die Benutzung der Rollfahrzeuge, Dresden 1923*

4. OBERBAU, HOCH- UND KUNSTBAUTEN

▲ Bevor 1912 sich das Wasser der Roten Weißeritz in der neuen Maltertalsperre staute, musste das Streckengleis der Bahn Hainsberg–Kipsdorf verlegt und über eine neu zu errichtende Steinbogenbrücke geführt werden. Die Lokomotive ist eine der Gattung V K. *Foto: Slg. R. Preuß*

Für die Bahnbauten im Königreich Sachsen war ebenfalls das Finanzministerium zuständig; ausgeführt wurden sie von einer Bauverwaltung der Staatseisenbahnen. Das Finanzministerium übertrug die Leitung für jeden Bahnbau Kommissaren, und diese richteten ihre Büros in unmittelbarer Nähe des Streckenbaus ein. Die Ernennung wurde im Gesetz- und Verordnungsblatt sowie in den Zeitungen »Dresdner Journal« und »Leipziger Zeitung« bekannt gegeben.

Die technische Abteilung in der Bau-Hauptverwaltung hatte die Bauzeichnungen anzufertigen, die Statik zu berechnen und die Hochbauten zu entwerfen. Vom Beginn der so genannten speziellen Vorarbeiten an wurden für jede zu bauende Bahnlinie Sektionsbüros eingerichtet, die ein Bauinspektor leitete. Sie wurden nach dem Ende des Baus und der hauptsächlichen Abrechnung aufgelöst. Das Sektionsbüro war unter anderem zuständig für die Beschaffung von Entwürfen und Kostenanschlägen für Bauten, die Vergabe von Bauaufträgen an Handwerker und Betriebe, die Leitung und Aufsicht über die Bauarbeiten und die Rechnungslegung und Abrechnung mit den Lieferanten.

Der Ablauf der Vorarbeiten für einen Bahnbau kann hier nur knapp beschrieben werden. Zunächst suchten sich die Techniker auf Reliefmodellen und Karten die günstigste Trassierung aus. Bereits hierbei bestimmten sie im Wesentlichen die Berührung der Orte sowie die Höhen- und Richtungsverhältnisse der neuen Bahn. Als Ergebnis dieser »generellen technischen Vorarbeiten« mussten dem Finanzministerium Grundrisse, Längenprofile, allgemeine Beschreibungen der Bahnlinie mit Angabe zu größeren Bauwerken, Verzeichnisse der Richtungs- und Neigungsverhältnisse und Kostenanschläge vorgelegt werden. Nach diesen Unterlagen genehmigten die Stände im sächsischen Landtag den Bahnbau oder lehnten ihn ab.

Nach der Genehmigung waren mit den »Speziellen technischen Vorarbeiten« geometrische Aufnahmen im Gelände im Maßstab 1:1000 bis 1:2000 zu beschaffen, die Strecke abzustecken und in »Stationen« zu unterteilen. Die Stationen (nicht zu verwechseln mit den Bahnstationen!) erhielten vom Abzweigpunkt, also dem Übergangsbahnhof, beginnend alle 100 m mit Unterabteilungen von 20 m oder 25 m fortlaufende Nummern. Damit wurde auch bestimmt, was als links oder rechts der Bahnachse zu gelten hatte. Bei Bezeichnungen von Gebäuden, Wegübergängen, Querschnitten musste in Schriftstücken diese Stationierung verwendet werden. »St. 95 + 25« hieß zum Beispiel: ein Punkt in km 9,525

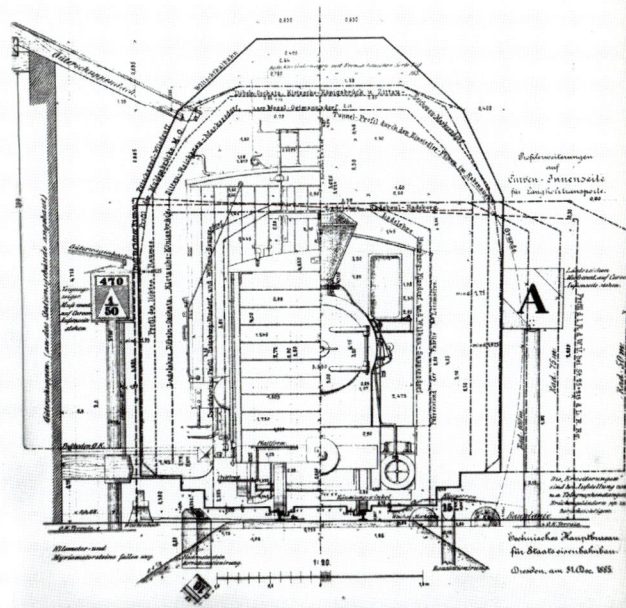

▲ Profil des lichten Raumes für Bahnen mit 750 mm Spurweite, herausgegeben vom Technischen Hauptbureau für Staatseisenbahnen am 31. Dezember 1885.
Foto: Slg. R. Preuß

Entfernung vom Beginn der Schmalspurbahn am Übergangsbahnhof.

Zu den »Speziellen technischen Vorarbeiten« gehörten ferner die Bestimmung des Längenprofils und der Querprofile, die Berechnung der zu bewegenden Erdmassen, die Kostenanschläge für Erd-, Fels-, Böschungs- und Wegearbeiten einschließlich der Kunstbauten sowie das Entwerfen von Gleisanlagen. Nach diesen Plänen konnte die Enteignungsverordnung bekannt gegeben werden. Der Baukommissar leitete die Enteignung ein, die aus dem Enteignungs-, dem Beräumungs- und dem Schlussentschädigungsverfahren bestand. Damit war die Baufreiheit gegeben.

Die »Spezielle Bauausführung« begann mit dem Unterbau – Ausheben der Einschnitte, Schütten der Dämme,

Herstellen von Schleusen, Durchlässen, Brücken, Wegen und der Gleisbettung. Danach konnten der Oberbau verlegt und die Gebäude errichtet werden. Vor Inbetriebnahme der Strecke wurden die Brücken und mit einer Profilwagenfahrt die Profilfreiheit der Strecke geprüft. Auf Prüfungsfahrt gingen im Beisein des Baukommissars und des Bau-Oberingenieurs weiterhin Mitglieder des Finanzministeriums und der Generaldirektion. War man mit der Bauausführung zufrieden, ließ das Finanzministerium die Eröffnung des Betriebes öffentlich bekannt geben.

Bis 1894 war der Unterbau 2,95 m breit ausgeführt worden. Danach wurde er auf 3,45 m erweitert, damit Eisenbahner neben dem Gleis die Planie begehen konnten. Beim Regellichtraumprofil, das als Umgrenzung des lichten Raumes für die Bebauung entlang der Strecke, aber auch für die Maße der Fahrzeuge von Bedeutung war, galten drei Abmessungen:

- Regellichtraumprofil A mit Umgrenzungslinie I für Betriebsmittel bei den zuerst gebauten Strecken
- Regellichtraumprofil B infolge nachträglicher Erweiterungen von Profil A
- Regellichtraumprofil C mit Umgrenzungslinie II für Betriebsmittel bei Strecken mit Rollfahrzeugverkehr.

Auf einigen Bahnhöfen standen Ladelehren, mit deren Hilfe die Einhaltung des vorgegebenen Profils nach der Beladung offener Wagen geprüft werden konnte.

Für die Gleisabstände in den Bahnhöfen wurde die Entfernung von 4,0 m gewählt. Die Bettung des Oberbaus bestand in Sachsen immer aus Schotter. Bis 1888 waren die Schienen aus Fluss-Stahl mit einer Masse von 15,6 kg/m. Größere Achslasten der Lokomotiven erforderten die Verstärkung des Oberbaues und Schienen mit einer Masse von 17,63 kg/m. Später wurden Schienen verschiedener Profile in schmalspurigen Gleisen verwendet, die bei Normalspurstrecken entbehrlich waren.

Schleppweichen – nur bei den ersten Strecken in Nebengleisen eingebaut und alsbald wieder ausgewechselt – sind in Sachsen nur in diesem Ausnahmefall verwendet worden. Gern machte man von der gemischten Spurweite Gebrauch. Allerdings standen der Platzersparnis und dem Wegfall wiederholter Gleiskreuzungen Sonder-

▲ Die Abschnittszeichen, volkstümlich »Kilometersteine« genannt, waren in einfacher, niedriger Form als Sandsteinkörper in das Erdreich eingesetzt, hier ein Stein bei Hammerunterwiesenthal (1995). *Foto: R. Preuß*

▲ Schmalspurgleis im Normalspurgleis in Wolkenstein. Die Weiche im Vordergrund lässt Schmalspurzüge nach links in die Güterzuggleise abzweigen oder sie weiter zum Ausstieg am Empfangsgebäude fahren. Dahinter links eine Normalspurweiche im Dreischienengleis (22. Mai 1976). *Foto: Pohlenz*

▲ Aus dem Dreischienengleis beim Bahnhof Wolkenstein führt die Schmalspurstrecke in Richtung Jöhstadt (8. August 1974). Mit dem Dreischienengleis konnte auf das zweifache Planum – für Schmalspur und für Normalspur – verzichtet werden. *Foto: Heym*

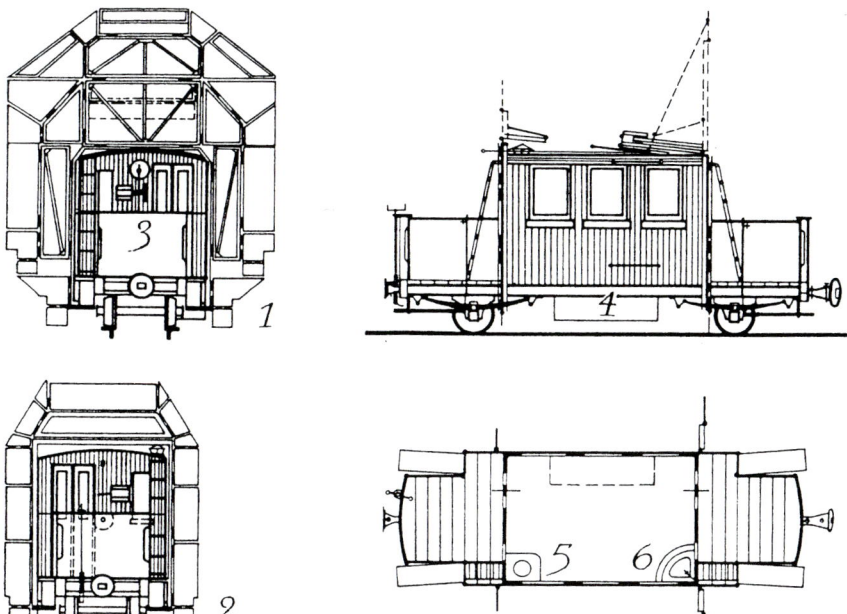

▲ Profilmessfahrzeug für sächsische Schmalspurbahnen:
1 Messung Lichtraumprofil mit Rollwagenverkehr
2 Messung Lichtraumprofil ohne Rollwagenverkehr
3 Messung der seitlichen Gleisneigung
4 Werkzeugkasten
5 Ofen
6 Waschbecken

Zeichnung: Karlheinz Uhlemann

konstruktionen von Weichen gegenüber. Solche Gleise mit gemischter Spurweite hatte der Geheime Finanzrat Claus Köpcke (1831–1911), ein Eisenbahnkonstrukteur und bedeutender Förderer der Schmalspurbahnen in Sachsen, während einer Studienreise in England bei der Great Western Railway gesehen und empfahl sie hiesigen Strecken besonders bei Einmündungen schmalspuriger Gleise in kurzer Entfernung von wichtigen Bahnhöfen der Normalspur.

Dreischienengleise gab es bei Gleisen der Spurweite von 750 mm und 1000 mm. Im Bahnhof Großbauchlitz (später Döbeln Nord) lagen sogar drei- und vierschienige Gleise. Vierschienig führte das Gleis auch über die Muldenbrücke nach Döbeln.

Die Schmalspurstrecken waren eingleisig, doch wurde 1913 wegen des außergewöhnlich starken Ausflugsverkehrs zwischen Zittau und den Gebirgsorten Oybin und Jonsdorf der Streckenabschnitt Zittau Vorstadt–Oybin zweigleisig ausgebaut.

Wenn immer wieder belegt wird, dass die Schmalspurbahnen Eisenbahnverbindungen mit sparsamsten Mitteln zu sein hatten, so musste man in Sachsen, gerade was die Kunstbauten betrifft, einige Zugeständnisse machen. Die Trassierung in engen Flusstälern und von Tal zu Tal erzwang an mehreren Stellen, besonders im Erzgebirge, beachtliche Brückenbauten. Die größte Brücke (180,6 m lang, 35,6 m hoch) stand im Greifenbachtal zwischen Geyer und Ehrenfriedersdorf. Ledig/Ulbricht gaben 1895 an, dass die Ausgaben allein für Durchlässe und Brücken 11,43 Prozent der Gesamtbaukosten aller zu jener Zeit errichteten Schmalspurbahnen ausgemacht haben sollen.

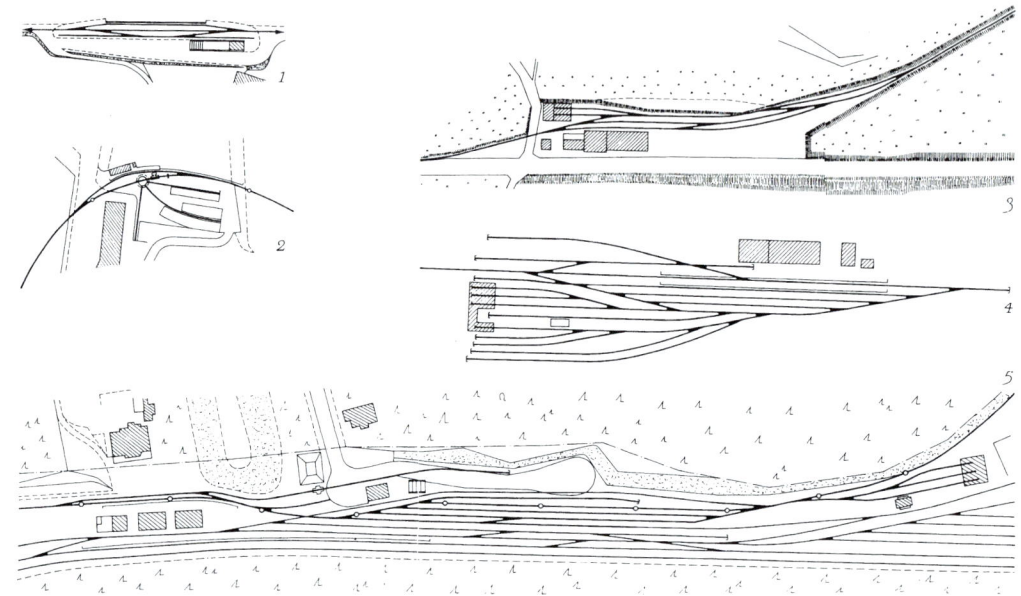

▲ **Schmalspurbahnhöfe in Sachsen**
1 Gleisplan für einfachste Verhältnisse auf einem Bahnhof mit Kreuzungs- und Ladegleis: Haltestelle Moritzdorf an der Strecke Klotzsche–Königsbrück.
2 Anschließer auf der Haltestelle Görlitz, Strecke Mügeln–Döbeln 1885. Drei Ladestellen sind von einer Drehscheibe im privaten Anschlussgleis erreichbar.
3 Endbahnhof Kirchberg, 1881, mit Empfangsgebäude, Güterschuppen und Lokomotivschuppen sowie zahlreichen Umfahrmöglichkeiten.
4 Endbahnhof Oberwiesenthal, 1878, mit 19 Gleisen und vierständigem Lokomotivschuppen.
5 Spurwechselbahnhof Klotzsche 1896. Hier bestand ein Übergang für Reisende und Güter von der Strecke Dresden–Görlitz zur Schmalspurbahn nach Königsbrück. Sie wurde allerdings schon 1897 auf Normalspur umgebaut.

Abbildung aus: Der Civilingenieur

Kostspielige Tunnelbauten ließen sich grundsätzlich vermeiden; nur wenige Jahre führte die Strecke Hainsberg–Kipsdorf durch einen nur 18 m langen und 4 m hohen Tunnel. Zwei Tunnel hatte die Strecke Goßdorf-Kohlmühle–Hohnstein (Sächs. Schweiz).
Normalien, wie sie für Betriebsmittel bei den normalspurigen Eisenbahnen Preußens galten, gab es in Sachsen nicht. Die Einheitlichkeit ergab sich zwangsläufig aus dem noch zu behandelnden Programm für Fahrzeuge und durch die Herstellung in nur wenigen Lieferwerken.
Auch bei der Ausstattung der Schmalspurstrecken mit Hochbauten kam eine gewisse Einheitlichkeit zu Stande. Auffällige Unterschiede lassen sich bei Gebäuden feststellen, die in späteren Jahren erweitert worden sind. Zwar sind für die Gebäude Bauunternehmer aus der näheren Umgebung der jeweiligen Strecke herangezogen worden, doch musste, wie eingangs erwähnt, nach den Entwürfen der technischen Abteilung in der Bau-Hauptverwaltung gebaut werden. So gleichen sich die Bahnhofsgebäude gleicher Zeit, wie Kirchberg und Saupersdorf, Geyer und Reichenau, wobei in der Größenbemessung auf örtliche Verhältnisse Rücksicht genommen wurde.
Grundsätzlich erhielt das Erdgeschoss Räume für die Abfertigung der Reisenden, des Gepäcks und der Stückgüter (diese Räume waren zugleich Arbeitsraum für die Abwicklung des Zugbetriebs), ein oder zwei Warteräume (der zweite Raum stand den Reisenden mit Fahrausweisen 2. Klasse zur Verfügung), Toiletten, Flur und Treppe zum Obergeschoss. Im Niveau des Erdgeschosses baute man meist noch den Güterboden für Stückgut an. Er besaß Laderampen an einer Seite zur Straße und an anderer Seite zum Gleis. In den oberen Stockwerken

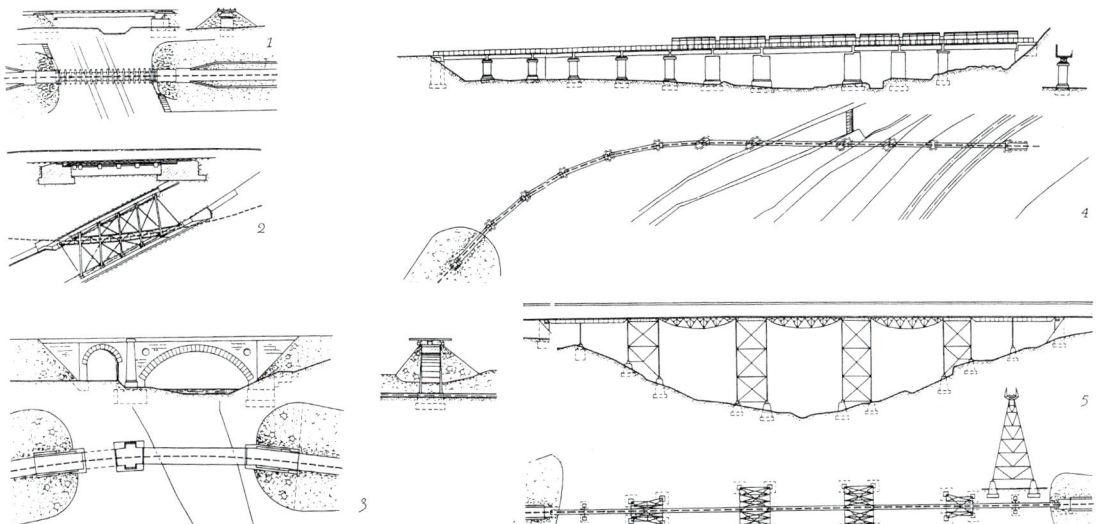

▲ Der Grundsatz, Schmalspurbahnen billig zu bauen, konnte bei der stark durchschnittenen Topographie Sachsens nur durch den Kompromiss über zahlreiche Brückenbauten realisiert werden. Diese ließen sich nur bedingt mit minimalem Aufwand errichten, da viele harmlose Mittelgebirgsbäche im Herbst und im Frühjahr zu reißenden Flüssen anschwellen und enorme Zerstörungskräfte entwickeln
1 Eine einfache Stahlträgerbrücke, 1898 erbaut, überspannt die Bobritzsch zwischen Klingenberg und Frauenstein. Die Holzschwellen sind direkt auf die Stahlträger geschraubt.
2 Im spitzen Winkel überquert die Strecke Grünstädtel–Oberrittersgrün das Pöhlwasser. Die Stahlkonstruktion entstand im Jahre 1888.
3 Die älteste und meist aus am Ort gefundenem Material errichtete Brückenform ist die Steingewölbebrücke, hier über die Rote Weißeritz zwischen Hainsberg und Kipsdorf, gebaut 1881/82.
4 Die zwischen 1907 und 1909 erbaute 200 Meter lange Garsebachbrücke zwischen Wildruff und Gärtitz überspannt vier Hindernisse, liegt im Bogen und trägt auf der Hälfte ihrer Länge einen Windschutz. Sie ist die längste Brücke der sächsischen Schmalspurbahnen.
5 20 Meter kürzer als die Garsebachbrücke ist die Greifenbachtalbrücke bei Geyer, aber sie ist mit 35,6 Metern die höchste aller Schmalspurbrücken. Die Pfeiler sind auf Felsen gegründet. *Abbildung aus: Königl. Sächs. Staatseisenbahnen, Sammlung der Kostenangaben von Kunstbauten*

waren Dienstwohnungen eingerichtet. Bedeutendere Bahnhöfe erhielten in unmittelbarer Nähe gelegene Arbeiter- und Beamtenhäuser. Ferner gab es auf solchen Bahnhöfen auch Nebengebäude. Sie enthielten in der Regel die Waschküche, den Brennholzraum, Aborte und einen Feuerlöschraum.
Bahnwärterhäuser an der Strecke waren nicht vorgesehen, weil die Bahnbewachung prinzipiell entfallen sollte.
Auf Bahnsteiganschüttungen glaubte man anfangs verzichten zu können, da die geringe Höhe der Wagentrittbretter ein müheloses Ein- und Aussteigen auch ohne Aufschüttungen zuließ. In späteren Jahren sind auf einigen Bahnhöfen überdachte Bahnsteige mit befestigter Gehfläche errichtet worden, wie in Zittau, Bertsdorf und in Dippoldiswalde.

Reichlich vorhanden waren die hölzernen Wartehäuschen auf den Haltepunkten. Mitunter fand in ihnen auch ein kleiner Dienstraum für den Fahrkartenverkauf Platz. Verhältnismäßig großzügig ausgestattete Wartehäuschen gab es in Neudorf (Erzgeb.) und in Kurort Jonsdorf Hst. Solche Dienstgebäude wurden meistens ergänzt durch einen Freiluftabort einfachster Art.
Während bei den Empfangsgebäuden auf bodenständige und der Umgebung angepasste Bauweise Wert gelegt wurde, trugen die auf kleinen Stationen an Nebengleisen aufgestellten Wagenkästen ausgedienter Normalspurfahrzeuge, in denen Stückgut lagerte, nicht zur Bereicherung der Landschaft bei. Aber sie entsprachen dem Sparsamkeitsprinzip. Bahnhöfe mit höherem Wagenladungsaufkommen erhielten Rampen zur Holz- und Steineverladung sowie Gleiswaagen. Auf Spurwech-

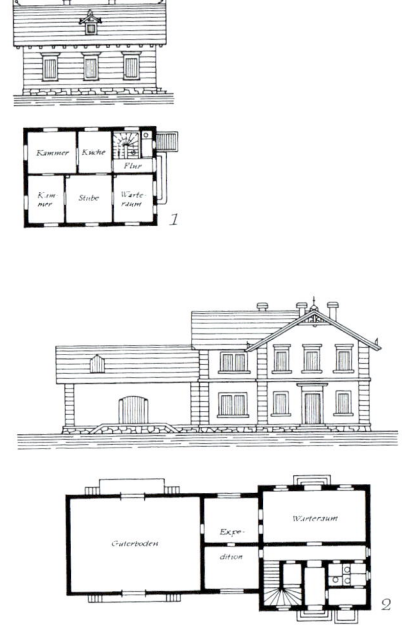
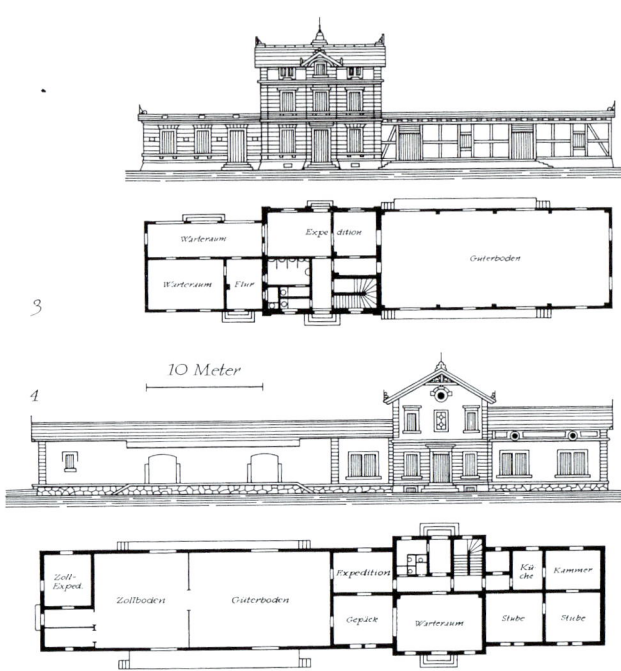

▲ Für die Dienstgebäude der sächsischen Schmalspurbahnen wurde stets eine Zusammenfassung möglichst vieler Funktionen angestrebt einschließlich der des Wohnens für die Bediensteten. Die auch bei den einfachsten Gebäuden auf die Schmuckelemente nicht verzichtende Architektur war streng den örtlichen verkehrlichen Erfordernissen angepasst.
1 Das Güteragenten-Wohngebäude mit Warteraum wurde auf der Haltestelle Cunnersdorf an der Strecke Klotzsche–Königsbrück 1886 gebaut.
2 Schon aufwändiger und für ein höheres Verkehrsaufkommen berechnetes Dienst-Wohngebäude errichtete die Bahn 1890 in Geyer.
3 Im Jahre 1881 erhielt der Bahnhof Kirchberg dies imposante Empfangsgebäude mit dem ansehnlichen Güterschuppen. Wilkau-Haßlau–Kirchberg war die erste sächsische Schmalspurstrecke.
4 Noch größer ist das vor 1884 errichtete Bahnhofsgebäude in Reichenau an der Strecke Zittau–Hermsdorf (in Böhmen). Die eigene Zollabfertigung erklärt sich aus der Grenznähe.

Abbildung aus: Der Civilingenieur

selbahnhöfen gab es Umladehallen mit Überdachung und herabgezogenen Windblenden.
Die Endbahnhöfe aller Strecken erhielten »Maschinenhäuser« mit Ausschlack- und Reparaturgrube, mit Kohlenbunker und »Wasserstationen«. Diese Lokomotivschuppen sahen besonders durch das gleiche Fachwerk ähnlich aus.
Auf Drehscheiben wollte die Bahnverwaltung verzichten, die Rückwärtsfahrt der Tenderlokomotiven bei der Talfahrt wurde in Kauf genommen. Die Segmentdrehscheibe in Wilkau-Haßlau war nicht für das Wenden der Lokomotiven, sondern als Weiche für den Übergang vom Bahnsteiggleis zum Nachbargleis vorgesehen.
Die angestrebten einfachen Betriebsverhältnisse erlaubten auch die sparsame Ausstattung mit Signalen. Ferner genügten ortsbediente Weichen. Mit der Zunahme des Zugverkehrs musste später auf einigen Strecken der zeitliche Aufwand für die Weichenbedienung reduziert und der Aufwand für die Zugsicherung erhöht werden. Dazu wurden in den Dienstgebäuden kleine Stellwerkseinrichtungen eingebaut. Die Schmalspurbahnhöfe Bertsdorf und Kipsdorf erhielten sogar eigene Stellwerksgebäude, die architektonisch denen auf Normalspurbahnhöfen glichen.

▲ Stationsgebäude mit Warteraum und Fahrkartenausgabe, hier von Jahnsbach (Strecke Meinersdorf–Thum) am 28. Juli 1972.
Foto: R. Preuß

▲ Gebäude für den Warteraum am Haltepunkt Freital-Coßmannsdorf (Freital-Hainsberg–Kurort Kipsdorf), Zustand am 4. Juli 1994.
Foto: R. Preuß

▲ Hier ist eine der beiden Gitterkastenbrücke auf Tragwerk bei Stützengrün, eines der beliebtesten Fotomotive von Liebhabern sächsischer Schmalspurbahnen, zu sehen. Der Zug fährt am 31. März 1973 von Schönheide nach Rothenkirchen (Vogtl).
Foto: E. Preuß

▲ Das Empfangsgebäude für den Bahnhof Malter (Strecke Freital-Hainsberg–Kurort Kipsdorf) wurde 1912 gebaut (1995).
Foto: R. Preuß

▲ Wartehalle des Haltepunktes Spechtritz (Strecke Freital-Hainsberg–Kurort Kipsdorf) mit benachbartem Eisenbahner-Wohnhaus (1992).
Foto: R. Preuß

▲ Mertitz Gabelstelle (Wilsdruff–Lommatzsch): Haus für Dienstraum und Eisenbahner-Wohnung (17. Juli 1971).
Foto: R. Preuß

▲ Das Empfangsgebäude von Niederschmiedeberg (Strecke Wolkenstein–Jöhstadt) am 18. März 1973.
Foto: R. Preuß

▲ Kurort Jonsdorf Hst erhielt 1910 ein Holzgebäude mit großem Warteraum und Dienstraum für den Haltestellenwärter (1965). Links daneben steht das Gebäude für die Betriebsstoffe.
Foto: R. Preuß

▲ Empfangsgebäude von Zittau Vorstadt (Zittau–Kurort Oybin/Kurort Jonsdorf) mit angebauter offener Wartehalle (um 1936). Im für eine Schmalspurbahn großen Empfangsgebäude waren die Diensträume für Fahrdienstleiter, Fahrkartenverkäufer und Vorsteher untergebracht, die oberen Etagen waren Eisenbahner-Wohnungen.
Sammlung R. Preuß

▲ Die Sächsisch-Oberlausitzer Eisenbahngesellschaft legt großen Wert darauf, die Hochbauten weitgehend originalgetreu zu erhalten. Es gelingt ihr sehr gut, wie man im Vergleich mit dem vorhergehenden Bild sieht. Aufnahme von 1997. *Foto: R. Preuß*

▲ 1936 wurde das Empfangsgebäude für den Bahnhof Zittau Schießhaus – heute Zittau Süd – umgebaut (1997). *Foto: R. Preuß*

▲ Das Empfangsgebäude des Bahnhofs Bertsdorf wurde mit der Inbetriebnahme der Bahn 1890 fertig und diente als Sitz des Bahnverwalters (1996). *Foto: R. Preuß*

▲ Mit dem Umbau des Bahnhof Kipsdorf wurde das repräsentative Empfangsgebäude 1934 fertig gestellt. Über das Bahnhofsgleis in das Haus sollten die Gepäckwagen zugeführt werden (1992). *Foto: R. Preuß*

▲ Hölzernes Gebäude für Fahrkartenausgabe und Warteraum des Bahnhofs Kretscham-Rothensehma (Strecke Cranzahl–Kurort Oberwiesenthal), Zustand 1995. *Foto: R. Preuß*

▲ Mit einer gewissen Einheitlichkeit wurden auch die Lokomotivschuppen gebaut, doch hat sich bis heute manches an ihnen geändert. Die Stirnfront beim Schuppen in Freital-Hainsberg ist nicht mehr symmetrisch (1994). *Foto: R. Preuß*

▲ Weil die Lokomotiven in Thum gewartet wurden, genügte dieser kleine Lokomotivschuppen am Anfangsbahnhof der Strecke in Meinersdorf (Erzgeb), Zustand 1973. *Foto: R. Preuß*

▲ Das Empfangsgebäude von Kurort Oybin weicht von den Hochbauten der sächsischen Eisenbahn etwas ab, es wurde 1890 von der ZOJE in Auftrag gegeben (1997). *Foto: R. Preuß*

▲ Stellwerk des Bahnhofs Kurort Kipsdorf (1991). *Foto: Treichel*

▲ Das Stellwerk für den Bahnhof Bertsdorf wurde 1938 gebaut (1996). *Foto: R. Preuß*

◄ Eine typische, sächsische Kugelweiche – diese werden wegen der Eisenkugel am Stellhebel so genannt. Zum Stellen benutzte man den dünnen Hebel, und das Kugelgewicht unterstützte die Umstellbewegung – allerdings nicht ganz ungefährlich für die Beine. In der Grundstellung soll Schwarz zum Herzstück zeigen. Das rote Dreieck bedeutet: Der Weiche fehlt der Spitzenverschluss (Radebeul Ost 1994).

Foto: R. Preuß

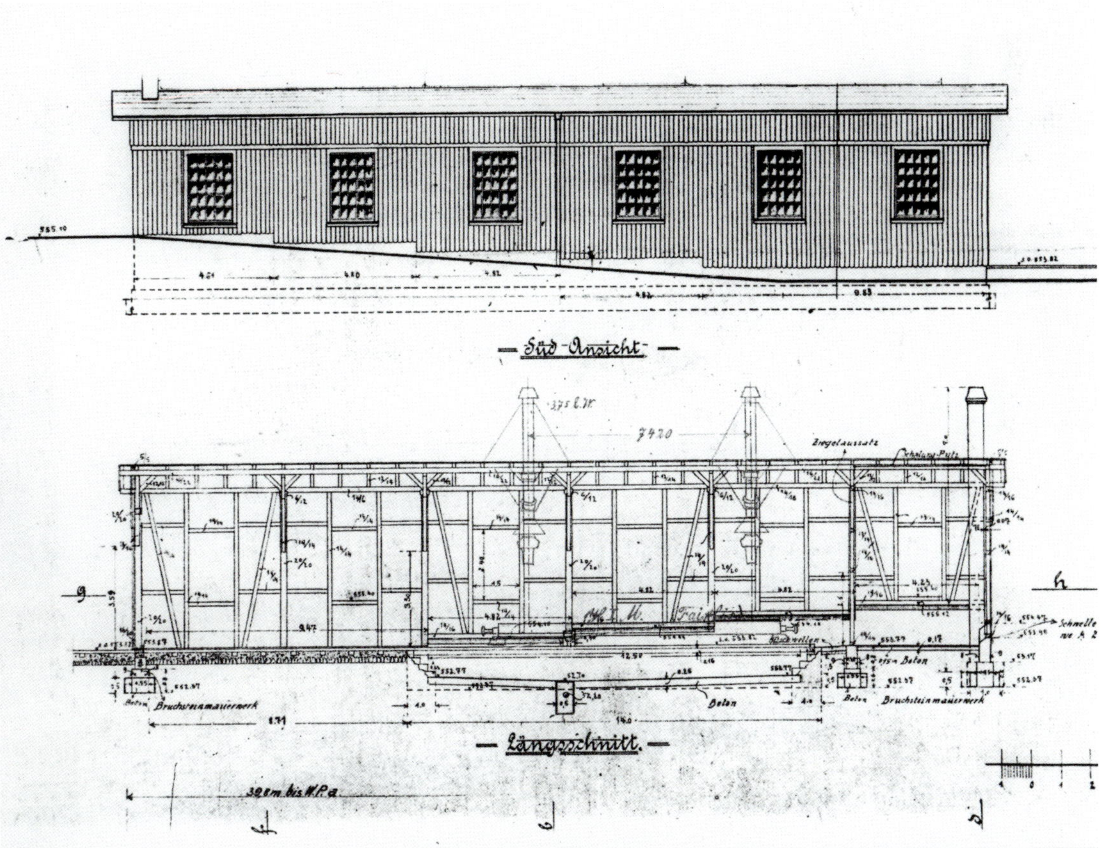

▲ Die Südseite des Schuppens für die elektrischen Triebfahrzeuge in Klingenthal. Wie die Fachwerkzeichnung zeigt, sind die Rauchabzüge über angedeuteten Lokomotivschornsteinen eingezeichnet. Man rechnete damit, dass unter Umständen der Schuppen nicht nur für die elektrischen Fahrzeuge, sondern auch für die Dampflokomotiven der Reihe IM zu benutzen ist.

Abbildung: Slg. R. Preuß

5. LOKOMOTIVEN UND TRIEBWAGEN

▲ Sächsische I K, Betriebsnummer 41, im Auslieferungszustand. Foto: Slg. E. Preuß

Als von 1881 an die ersten Schmalspurlokomotiven von der Sächsischen Maschinenfabrik (vormals Richard Hartmann) in Chemnitz für die Sächsischen Staatseisenbahnen ausgeliefert wurden, kannte man noch keine besonderen Gattungszeichen für die Schmalspurlokomotiven. Die Gattungen der Normalspurlokomotiven wurden mit römischen Ziffern bezeichnet; Tenderlokomotiven erhielten den Zusatz »T«. Den ersten Schmalspurlokomotiven gab man daher als Tenderlokomotiven mit der Achsfolge C entsprechend der üblichen Bezeichnung für die Lokomotiven der Staatseisenbahnen die Gattung VT K (sprich: fünf T K). Das »K« kennzeichnete sie als Lokomotiven für Kleinspur«. Von 1900 an wurde die noch heute geläufige Bezeichnung I K bis VI K für die Lokomotiven der 750-mm-Spur eingeführt. Die Lokomotiven der Spurweite von 1000 mm erhielten an Stelle des K das M für »Meterspur«. Hier unterschied man ferner die elektrischen Fahrzeuge mit der Zusatzbezeichnung »E« bei den Lokomotiven und ET bei den Triebwagen.

Nach Bildung der Deutschen Reichsbahn am 1. April 1920 wurde ein Bezeichnungsschema für die Triebfahrzeuge erforderlich. Der »Vorläufige Umzeichnungsplan« vom 25. Juli 1923 bestimmte über Jahrzehnte die Benennung. Zunächst wurden die Lokomotiven mit etwa gleich großer Leistung einer Gattung zugeordnet. Die neue Gattungsbezeichnung K 44.7 beispielsweise entsprach sowohl der sächsischen Gattung IV K als auch der Gattung V K und bedeutete: Schmalspurlokomotive, vier gekuppelte Achsen, vier Achsen insgesamt, Achslast 7 t.

Schmalspurlokomotiven erhielten als Betriebsnummer die Reihenbezeichnung 99. Ausmusterungsreife Maschinen versah man mit Ordnungsnummern über 7000. Unterschiede zwischen den Lokomotiven konnten durch Hochstellen der Ordnungsnummer an die 99 dargestellt werden, z. B. mit 99$^{73-76}$.

Vom 1. Juni 1970 an sind mit der elektronischen Datenverarbeitung die Prinzipien der Lokomotivkennzeichnung modifiziert worden. Bei den Maschinen der sächsischen Strecken wurde die Ordnungsnummer um die führende 1 ergänzt (Ausnahme: 99 4532). Die 1 und die 4 standen für die Spurweite von 750 mm.

Die vor dem 1. Juni 1970 eingesetzten Triebwagen waren in das Bezeichnungssystem der Normalspurfahrzeuge eingeordnet. Bei der auf dem Bahnhof Wilischthal stationierten Diesellokomotive kennzeichnete in der Baureihennummer 199 die Ziffer 1 die Dieseltraktion und die Ziffer 99 die Verwendung als Schmalspurlokomotive.

Im Zusammenhang mit der so genannten Harmonisierung der Vorschriften von Deutscher Bundes- und Deutscher Reichsbahn erhielten die Lokomotiven und Triebwagen der Deutschen Reichsbahn am 1. Januar 1992 neue Betriebsnummern gemäß dem Schema der Deutschen Bundesbahn. Dampflokomotiven erhielten vor ihre bisherige Baureihen-Bezeichnung die Ziffer 0. Die bisherigen Ordnungsnummern wurden auf drei Stellen vermindert. Bei den Schmalspurlokomotiven mussten daher die Ordnungsnummern neu bestimmt werden. So wurde z. B. aus der 99 1713, ex 99 713 die 099 720. Der Vergleich von alter und neuer Ordnungsnummer ist nur mithilfe von Tabellen möglich. Die Kleinlokomotiven erhielten anstelle der Ziffer 1 an erster Stelle die Ziffer 3, z. B. wurde aus der 199 007 die 399 701.

Die Museumsbahnen gaben ihren Lokomotiven die Nummer der jeweiligen Epoche, die sie vertreten sollen, und bei den meisten Eisenbahnunternehmen nach der Deutschen Bahn erhielten die Lokomotiven dieselben Betriebsnummern, die sie vor der Umzeichnung 1970 bei der

▲ Aus England kam die sä. II K (alt), Betriebsnummer 18. Auffallend ist der äußerst geringe Platz auf dem Führerstand. Die Aufnahme entstand nach mehrjährigem Betriebseinsatz. *Foto: Slg. E. Preuß*

▲ Eine für Sachsen bei Krauss in München hergestellte Lokomotive mit dem Klose-Triebwerk. Die Maschine steht noch beim Hersteller, ohne Anschriften und Beschilderung. *Foto: Slg. R. Preuß*

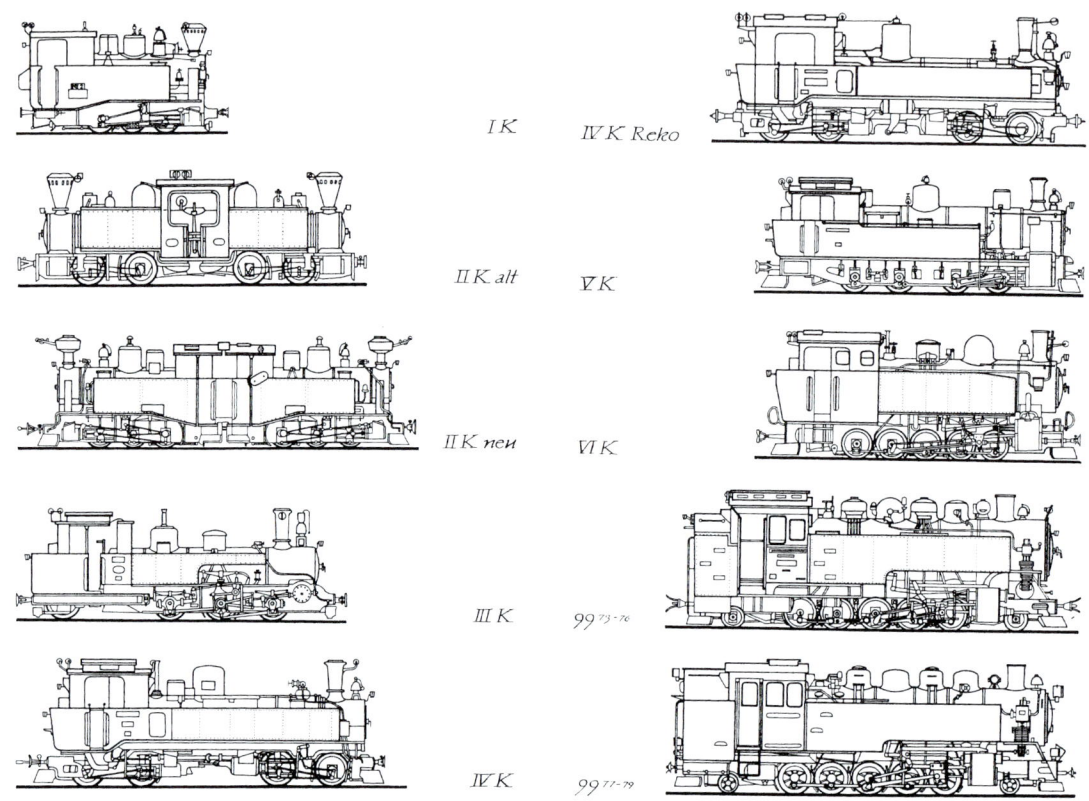

▲ Die erste sächsische Dampflokomotive für 750 mm Spurweite wurde 1881 in Dienst gestellt, die letzte 1956. Dazwischen liegt die Entwicklung von zehn Baureihen, von denen nur fünf in größeren Serien gebaut wurden: die Gattungen I K (44 Lokomotiven), IV K (96 Lokomotiven), und VI K (57 Lokomotiven) sowie die Baureihen 99$^{73-76}$ (32 Lokomotiven) und 99$^{77-79}$ (24 Lokomotiven). *Abbildung: transpress*

Deutsche Reichsbahn besessen hatten. Die SDG bezeichnet dagegen ihre Lokomotiven mit den nach 1970 gültigen Nummern. Die von der Ybbstalbahn übernommene Lokomotive ist Ende 1997 mit der Betriebsnummer 199 030 versehen worden. Bei anderen Lokomotiven, z. B. den in Rumänien hergestellten Diesellokomotiven, verfuhren die Schmalspurbahnen unterschiedlich (siehe Tabelle). Die ersten Lokomotiven der sächsischen Schmalspurbahnen für 750 mm Spurweite waren Nassdampf-Tenderlokomotiven, die nach einem Programm der Staatseisenbahnen von der Sächsischen Maschinenfabrik Chemnitz gebaut und von 1900 an als Gattung I K bezeichnet worden sind. Sie hatten Außenrahmen und eine außen liegende Allan-Steuerung. Bei den ersten sechs Maschinen waren die Triebwerke verkleidet, wurden aber bald wieder freigelegt. Die Lokomotiven mit der Betriebsnummer 1 bis 4 waren mit Gegendampfbremse des Systems Le Chatelier (Louis Chatelier, 1815–1873, französischer Eisenbahningenieur) ausgerüstet. Alle Maschinen – auch die später beschafften – hatten ein Dampf-Läutewerk des Systems Latowski (Robert Latowski, 1840–1890, Maschinenmeister der Oels-Gnesener Eisenbahn), eine Haspel für die Heberleinbremse und einen Pulsometeranschluss zum Wassernehmen. An die Stelle der bei dieser Lokomotivgattung wenig bekannten kegeligen Reissigschen Funkenfänger mit Hohlfeldschem Funkensieb trat von der Nummer 7 an ein Schornstein in Kobelform; später wurden auch die ersten Maschinen in dieser Form umgerüstet.

Die wichtigsten technischen Daten der sächsischen Schmalspurlokomotiven im Vergleich

sächsische Gattung		I K[1]	II K (alt)	III K[2]	IV K[3]	V K	VI K[4]	-	-
DR-Baureihe		99.750	-	99.754	99.51-60	99.61	99.64-70	99.73-76	99.77-79
Betriebsgattung		Cn2t	B'B'n4t	C1'n2t	B'B'n4vt	Dn2vt	Eh2t	1'E1'h2t	1'E1'h2t
Höchstgeschwindigkeit	km/h	30	30	30	30	30	30	30	30
Zugkraft	Mp	2,1	2,95	2,95	4,30	4,45	7,77	8,5	8,5
indizierte Leistung	PSi	120	195	195	210	215	480	600	565
Zylinderdurchmesser	mm	240	216	324	2x240/400	340/530	430	450	450
Kolbenhub	mm	380	355	400	380	430	400	400	400
Kesselüberdruck	kp/cm²	12	10	10	15	14	14	14	14
Rostfläche	m²	0,66	1,16	0,90	0,97	0,97	1,61	1,74	2,57
Verdampfungsheizfläche	m²	29,72	57,74	46,26	49,87	49,96	64,32	80,30	76,9
Brennstoffvorrat	t	0,5	0,95	1,7	1,02	0,96	2,0	2,5	4
Wasserkasteninhalt	m³	1,5	2,86	2,0	2,4	2,4	4,5	5,8	5,8
Lokomotivgewicht (leer)	t	12,45	22,3	19,7	22,4	22,8	30,4	44,3	41,5
Lokomotivgewicht (dienstbereit)	t	16,0	28,90	25,6	27,4	28,8	40,4	53,9	51,9
Länge über Puffer	mm	5.630	9.200	9.000	9.000	8.950	8.660	10.540	10.000
Kuppelraddurchmesser	mm	760	813	855	760	855	800	800	800

Anmerkungen:
1) Daten gelten für 99 7521 bis 7525
2) Daten gelten für 99 7541 bis 7542
3) Daten gelten für 99 561 bis 579
4) Daten gelten für 99 641 bis 655

Die erste I K wurde 1881 gebaut und geliefert, die letzte I K im Jahr 1892. Während dieser Zeit gab es mehrere Bauartänderungen: So wurde zunächst das viel zu enge Führerhaus vergrößert. Dampfdom, Sandkasten und Läutewerk erhielten eine andere Lage, drei Lokomotiven (Nummer 42, 47 und 48) erhielten eine längere Rauchkammer, und die Masse stieg von 15,5 auf 16,8 t.
Neben diesen üblichen Änderungen gab es eine weitere. Bei den Lokomotiven der Betriebsnummern 27 bis 30 (Baujahr 1894) ließ man statt einer festen Vorderachse eine Hohlachse der Bauart Klien-Lindner einbauen. In Deutschland waren das die ersten lenkbaren Kuppelachsen an einer Lokomotive. Mit ihnen gab es nicht eine Störung. Durch die radial einstellbaren Hohlachsen, später bei einigen Gattungen der Regelspur ebenfalls eingebaut, wurde eine geringere Spurkranzabnutzung erzielt. Für die vier Lokomotiven lautete die Gattungsbezeichnung Vb TK, von 1896 an KIB, von 1900 an Ib K. Sie wurden hauptsächlich zwischen Grünstädtel und Oberrittersgrün und auf dem Strecken um Thum eingesetzt. Weitere Lokomotiven der Gattung I K erhielten keine Hohlachse. Über die Gründe gibt es keine Anhaltspunkte. Wohl aber ist mit einiger Sicherheit zu vermuten, dass die Ergebnisse von 1894 den Anlass gaben, bei

▲ Die Lokomotive Nr. 107 der Gattung IV K im Anlieferungszustand. Noch fehlen die Schilder für die Gattungsbezeichnung und der Bahnverwaltung; die Betriebsnummer ist provisorisch aufgemalt. Gut zu erkennen sind die beiden getrennten Dampfdrehgestelle. *Foto: Slg. Finzel*

▲ Die 99 539 präsentiert sich noch mit vielen Originalteilen in den Farben der Jahrhundertwende von 1900. Am 2. Juni 2002 war die Lokomotive mit dem Radebeuler Traditionszug bei Friedewald Bad unterwegs.
Foto: R. Preuß

späteren Gattungen, z. B. der V K, auf diese Konstruktion zurückzukommen.

Von den 44 Lokomotiven der Gattung I K gingen fünf Maschinen, die auf polnische Strecken versetzt worden waren, im Ersten Weltkrieg verloren. Der vorläufige Umnummerungsplan sah bei der Gattung I K noch 37 Lokomotiven vor. Nur 27 Maschinen kamen 1925 in den endgültigen Umzeichnungsplan, umgezeichnet wurden 25.

Am 6. Juni 1923 verkaufte die Reichsbahndirektion Dresden die Lokomotive mit der ehemals sächsischen Nummer 12 an die Mühlenbauanstalt und Maschinenfabrik vorm. Gebr. Seck in Schmiedeberg (Erzgebirge). Sie blieb als Werklokomotive bis 1964. Leider hat niemand daran gedacht, sie für museale Zwecke zu erhalten.

Die Lokomotive 11 fuhr als 99 7504 noch bis 1928 im Zugbetrieb auf der Strecke Kohlmühle–Hohnstein. Während des Zweiten Weltkriegs kamen 1941 von den im Ersten Weltkrieg in Polen verbliebenen Lokomotiven zwei in den Bestand der Deutschen Reichsbahn zurück. Sie wurden als 99 2504 (ex PKP C 11 701, ex sä 9, Baujahr 1894) und als 99 2505 (ex PKP C 11 703, ex sä 41, Baujahr 1890) umgezeichnet.

Die Lokomotiven der Gattung I K waren zehn Jahre die vorherrschenden Schmalspurlokomotiven in Sachsen. Die Zittau-Oybin-Jonsdorfer Eisenbahn beschaffte gleiche Maschinen vom selben Hersteller; sie wurden ebenfalls in die Gattung I K eingereiht, als diese Schmalspurbahn 1906 in das Eigentum des Staates überging. Offenbar hatten Finanzministerium und Generaldirektion die Entwicklung des Schmalspurverkehrs unterschätzt. Für den ständig wachsenden Verkehr auf den Schmalspurstrecken, besonders für den Ausflugsverkehr auf der Strecke Hainsberg–Kipsdorf, genügte die Zugkraft der Gattung I K bald nicht mehr. Anstatt wieder die Sächsische Maschinenfabrik in Chemnitz, die doch der Hauslieferant der Sächsischen Staatseisenbahnen war, eine stärkere Schmalspurlokomotive entwickeln zu lassen, wurden zwei Maschinen in England gekauft. Dorthin nämlich hatte Finanzrat Bergk im Mai 1884 eine Studienreise unternommen. Für Sachsens Strecken schienen Fairlie-Maschinen (Robert F. Fairlie, 1830–1885, Ingenieur der Londonderry & Coloraine Railway) geeignet, die auf der von Bergk besuchten schmalspurigen Festiniogbahn seit 1869 im Dienst waren. Es wurden zwei Lokomotiven für die Strecke Hainsberg–Kipsdorf gekauft, die durch Vermittlung des Konstrukteurs Fairlie die Fabrik R. & W. Hawthorn in Newcastle baute und 1885 auslieferte. Die Lokomotiven erhielten die Betriebsnummern 18 und 19 und die Gattungsbezeichnung FTK, später II K.

Die Maschinen in der Bauart B'B'n4t besaßen einen in Fahrzeugmitte angeordneten Stehkessel mit zwei Feuerbüchsen, von dem aus sich nach beiden Seiten je ein Langkessel anschloss. Ferner erhielten sie als erste sächsische Lokomotiven eine außen liegende Heusinger-Steuerung. Es war möglich, sowohl mit einer als auch mit beiden Zylindergruppen zu fahren.

Die gründliche Erprobung im Januar 1888 und der Vergleich mit der Gattung I K brachte keine überzeugenden Ergebnisse für die Gattung II K. Zwar musste anerkannt werden, dass die Maschinen auch bei verhältnismäßig hohen Fahrgeschwindigkeiten einen ruhigen Lauf zeigten, dagegen waren sie zu schwer ausgefallen gegenüber der Vorgabe für den englischen Hersteller. Die Betriebskosten lagen gegenüber der leichteren I K höher, gelang es doch nicht, auf der Strecke Hainsberg–Kipsdorf trotz angestiegenem Verkehrsaufkommen die Züge so auszulasten, dass die Zugkraft der schweren Fairlie-Lokomotiven voll beansprucht wurde. Das überflüssige Lokomotivgewicht erhöhte aber den Kohlenverbrauch. Außerdem war der Arbeitsplatz für das Lokomotivpersonal eine Zumutung. Man kann sich heute nicht vorstellen, wie der Heizer auf dem engen Führerstand während der Fahrt die Feuerung beschicken konnte.

Nach 15-jährigen Betriebseinsatz wurden 1903 die erste und 1909 die zweiten Lokomotive ausgemustert. Ungeachtet diesen Fehlschlags mit den Doppellokomotiven war die Bahnverwaltung nicht genug gewarnt, Jahre später erneut zu experimentieren. Dass zwei Lokomotiven der Gattung I K einen Zug bespannten, war nicht ungewöhnlich. Nur sprach das nicht für Sparsamkeit, was den Personaleinsatz betraf. Deshalb kuppelte man 1913 zweimal zwei Maschinen zu Doppellokomotiven zusammen. Die Betriebsnummern 1 und 4 erhielten als Doppellokomotive die neue Betriebsnummer 61 A/B, die Nummern 2 und 3 die neue Nummer 62 A/B. Die neue

Gattungsbezeichnung war II K (neu). Mit dieser Maßnahme sollte geprüft werden, inwieweit sich die frei gewordenen Cn2t-Lokomotiven als Doppellokomotiven weiter verwenden ließen. In Sachsen hatte man bereits Normalspurlokomotiven derart gekuppelt, z. B. zwei Lokomotiven der Gattung VI TS auf der Strecke Bautzen–Cunewalde.

Die Steuerung beider Lokomotiven blieb getrennt, die Regler wurden verbunden. Eingesetzt waren die Doppellokomotiven der Gattung II K (neu) auf den Strecken von Zittau, Mulda, Mügeln, Thum und Radebeul. Zwar hatte man nun eine Lokomotive mit sechs gekuppelten Achsen, aber der durchschlagende Erfolg blieb aus, da die gleichzeitige Bedienung beider Maschinen große Geschicklichkeit erforderte. Es blieb daher bei diesen beiden Kopplungen. Die Doppellokomotive 62 A/B wurde 1916 wieder getrennt, die mit der Nummer 61 A/B kam als 99 7551 in den vorläufigen Umnummerungsplan der Deutschen Reichsbahn, wurde aber 1923 getrennt und 1924 ausgemustert. Eine Lokomotive der Gattung I K in Betrieb zu sehen, blieb für viele Liebhaber sächsischer Schmalspurbahnen ein Traum, denn die letzte ihrer Art ließ das Eisenwerk in Schmiedeberg/Erzgebirge 1964 verschrotten. Jedoch im Jahre 2006 löste der Verein zur Förderung Sächsischer Schmalspurbahnen mit einem Spendenaufruf für 1,5 Millionen Euro den Neubau einer Lokomotive mit der Nr. 54 aus, die der Gattung I K originalgetreu entspricht.

Parallel zu den Versuchen, über Doppellokomotiven zum Ziel zu kommen, gab es auch Anstrengungen, lenkbare Achsen zu konstruieren. Das Problem bestand darin, über mehr gekuppelte Antriebsachsen ein höheres Reibungsgewicht zu erreichen, um größere Antriebsleistungen vom Rad auf die Schiene übertragen zu können. Der Anzahl der gekuppelten Achsen standen jedoch die engen Gleisbögen der Schmalspurtrassen entgegen, die den Bogenlauf und die Entgleisungssicherheit der Triebfahrzeuge bestimmend beeinflussen.

Bei zwei Maschinen, deren Prototypen 1885 auf der Bosna-Bahn in Bosnien-Herzegowina eingeführt worden waren, untersuchten die Sächsischen Staatseisenbahnen das Verhalten der Lenkachsen. Die lenkbaren Kuppelachsen waren von Klose konstruiert worden (Adolf Klose, 1844–1923, geboren in Bernstadt, dem Endpunkt der von Herrnhut ausgehenden Schmalspurstrecke, Oberbaurat der Württembergischen Staatseisenbahn). Mit dem Triebwerk, das unter Verwendung eines Hebelwerks in Gestalt eines Doppelparallelogramms das radiale Einstellen der Kuppelachsen und gleichzeitig die Ver-

▲ Zwei I K-Lokomotiven, miteinander gekuppelt, ergaben die Gattung II K (neu). Hier die Doppellok 61 A/B. *Foto: Slg. E. Preuß*

▲ Die Lokomotive mit der Betriebsnummer 43 war die erste der von der Sächsischen Maschinenfabrik (Hartmann) in Chemnitz gebauten III K. Mit dem Parallelogrammen ein recht kompliziertes Triebwerk! *Foto: Slg. Finzel*

▲ Auch auf diesem alten Foto vom Bahnhof Cranzahl ist das interessante Triebwerk der Gattung III K zu sehen. Die Lok Nr. 33 wurde von Krauss in München gebaut. *Foto: Slg. Meyer*

▲ Lok Nr. 133 besitzt einen vergrößerten Kohlekasten und einen Werkzeugkasten auf dem rechten Wasserkasten. *Foto: Slg. R. Preuß*

▲ Eisenbahner des Bahnhofs Geyer stellen sich vor die Lok Nr. 43 zu einen Erinnerungsfoto auf. Trotzdem ist ein Blick auf das Triebwerk der III K mit den Doppelparallelogramm möglich, das die Eisenbahner »Heuwender« nannten.
Foto: Slg. E. Preuß

längerung bzw. Verkürzung der Kuppelstangen beim Durchfahren von Gleisbögen ermöglichte, schien diese Art der Schmalspurlokomotiven für die bogenreichen sächsischen Strecken geeignet. Die Verstellung der ersten und dritten Kuppelachsen besorgte der auf einem Lenkgestell ruhende Stütztender über eine Hebelübersetzung.

Die ersten beiden Maschinen der Bauart C1'n2t kamen 1889 von der Lokomotivfabrik Krauss und Comp. in München und wurden mit den Betriebsnummern 35 und 36 in die Gattung K 2 TK, später in die Gattung III K eingereiht. 1891 lieferte auch die Sächsische Maschinenfabrik vier Maschinen (Betriebsnummern 43 bis 46), die sich von den Krauss-Lokomotiven nur durch Details am Führerhaus unterschieden. Die Lokomotiven hatten Außenrahmen, Innenzylinder und außen liegende Stephenson-Steuerung. Außer dem Klose-Lenkwerk fiel der runde, von außen gut zugängliche Schieberkasten auf. Nur die mittlere Treibachse war fest gelagert. Obwohl die Leistung um die Hälfte höher als die der Gattung I K lag, konnte sich die Gattung III K nicht durchsetzen. In den Werkstätten begegnete man den Klose-Lenkachsen mit größter Zurückhaltung. Das vielteilige Lauf- und Triebwerk verursachte enorme Reparaturen und hohe Kosten. Dennoch blieben die Lokomotiven bis 1925/26 auf weniger stark geneigten Strecken im Dienst und erhielten von der Deutschen Reichsbahn die Nummern 99 7541 bis 99 7546. Sie waren nach dem Ersteinsatz in Hainsberg, Radebeul und Strehla vorwiegend zwischen Wolkenstein und Jöhstadt sowie auf den Strecken von Thum zu finden. Als Einzelgänger sah man sie auch in Taubenheim, Sayda, Klotzsche, Oberrittersgrün und Mügeln.

Indes kann keine Bahnverwaltung einen geregelten Zugbetrieb mit Splitterlokomotivbaureihen führen. Bereits 1892 stand den Sächsischen Staatseisenbahnen ein neuer Lokomotivtyp zur Verfügung, der von der Sächsischen Maschinenfabrik entwickelt worden war. Die Lokomotive hatte, wie die Fairlie-Maschinen, zwei Zylinderpaare, unterschied sich von ihnen aber grundlegend. Sie wird oft als Meyer-Lokomotive bezeichnet nach dem Elsässer Jean-Jacques Meyer (1804–1877), der die Bauart mit zwei beweglichen Triebwerken erdacht hatte. Auf der Weltausstellung 1873 in Wien war erstmals eine normalspurige, belgische Meyer-Lokomotive der Achsfolge C'C' zu sehen gewesen. Die Sächsischen Staatseisenbahnen hatten sich dafür interessiert und versuchten es mit zwei solchen Lokomotiven auf ihren krümmungsreichen normalspurigen Nebenstrecken, besonders mit der Gattung I T V. Diese Normalspurlokomotiven setzten sich jedoch nicht durch, denn als typischer Nachteil für die Meyer-Bauart stellte sich ein leicht einsetzendes wechselseitiges Schleudern der Triebwerke und durch hin- und hergehende Massen ein starkes Schlingern der Lokomotive bereits in den unteren Geschwindigkeitsbereichen ein. Als Schmalspurlokomotive hingegen hatte die Meyer-Lokomotive ihre Chance. Da höhere Geschwindigkeiten auf schmaler Spur ohnehin nicht gefragt waren, traten die Vorteile wie gute Kurvengängigkeit, günstige Leistung und geringe Instandhaltungskosten in den Vordergrund.

▲ Auf der Strecke Wilkau-Haßlau-Carlsfeld war die IV K bis zur Betriebseinstellung im Einsatz. Über das bekannte Viadukt bei Schönheide Süd dampfte 1974 eine IV K mit ihrem Pmg in Richtung Schönheide Mitte.
Foto: E. Preuß

Mit der neuen Gattung IV K war man in Sachsen allseits zufrieden. Die beiden Triebdrehgestelle ermöglichten noch ein sicheres Durchfahren von Bögen mit 40 m Radius. Andererseits betrug der Radstand der Lokomotive 6200 mm, sodass ein vorteilhaft langer Kessel eingebaut werden konnte. Das hintere Drehgestell hatte einen Außenrahmen, das vordere Innenrahmen. Jedes Drehgestell besaß eine eigene Zug- und Stoßvorrichtung und ein eigenes Triebwerk; das hintere die Hochdruck- und das vordere die Niederdruck-Dampfmaschine. Diese getrennte Anordnung führte jahrzehntelang zu Problemen wegen der Undichtigkeiten an den notwendigen beweglichen Dampfleitungen. Meyer hatte diese Schwierigkeiten so gelöst: Vom Dampfdom am hinteren Ende des Stehkesselscheitels gelangte Frischdampf über ein Kugelrohrgelenk an der Kesselhinterwand zu den Hochdruckzylindern. Von dort wurde der teilentspannte Dampf zu den Niederdruckzylindern im vorderen Drehgestell geleitet. Die Abdampfrohre haben wiederum Kugelrohrgelenke mit Stopfbuchsen. Damit der unterschiedliche Dampfdruck in der vorderen und hinteren Dampfmaschine gleich große Antriebskräfte erzeugt, haben die Hochdruckzylinder 240 mm Durchmesser, die Niederdruckzylinder hingegen zunächst 370 mm, von 1909 an 400 mm Durchmesser erhalten.

Die Gattung wurde in den Jahren von 1891 bis 1922 mit insgesamt 96 Stück gebaut. Während des Ersten Weltkriegs schieden fünf Lokomotiven aus. Nach dem Zweiten Weltkrieg waren noch 57 im Bestand und wurden von den Lokbahnhöfen Lommatzsch, Mügeln, Kirchberg, Zittau, Jöhstadt, Oberwiesenthal, Sayda, Ortmannsdorf, Eppendorf, Hohnstein und Oberrittersgrün aus eingesetzt. Nach 1950 waren sie auch außerhalb Sachsens zu sehen. Für ihren Einsatz auf der Insel Rügen mussten sie mit Druckluftbremseinrichtungen versehen werden.

In den 60er-Jahren sah sich die Deutsche Reichsbahn gezwungen, zahlreiche Dampflokomotiven zu modernisieren. Gemeint war damit die Generalreparatur. Das betraf zwischen 1962 und 1967 auch 30 Lokomotiven der Gattung IV K. Sie erhielten neue Kessel, teilweise neue Rahmen. Der viereckige Sanddom für das hintere Drehgestell entfiel, dafür wurden zwei Vorratsbehälter im hinteren Teil der Wasserkästen angebracht. Schließlich erhielten alle 30 Lokomotiven Sicherheitsventile der Bauart Ackermann.

▲ Vom Bahnhof Zittau Schießhaus (heute Zittau Süd) über den Königsplatz fährt die Maschine der Gattung IV K in Richtung Oybin oder Jonsdorf. Das große Gebäude war bis 1919 Kaserne für das Garnisionsregiment 102. *Foto: Slg. Ossen*

Die Döllnitzbahn, die Traditionsbahn Radebeul sowie die Museumsbahnen in Jöhstadt und Schönheide besitzen immer noch betriebsfähige IV K. Auch bei der Sächsisch-Oberlausitzer Eisenbahn-Gesellschaft ist der Einsatz einer solchen Lokomotive vorgesehen.

Im Prinzip hatte die IV K den betrieblichen Anforderungen genügt. Allerdings gab es die Strecke von Mügeln (1920 in Heidenau umbenannt) nach Geising-Altenberg, die außerordentlich steigungsreich und wegen der Landschaft bei den Fahrgästen sehr beliebt war. Um die immer länger und schwerer werdenden Ausflugs- und Wintersportzüge bewegen zu können, kaufte die Generaldirektion bei der Sächsischen Maschinenfabrik in Chemnitz vierfach gekuppelte Lokomotiven als Gattung V K. Diese Dn2vt-

▲ Fabrikschild der Lokomotive 99 716. *Foto: Slg. R. Preuß*

▲ Fabrikschild der Lokomotive 99 759. *Foto: Scheffler*

▲ Fabrikschild der Lokomotive 99 791. *Foto: Scheffler*

▲ Vor dem Lokomotivschuppen in Jöhstadt pausierte am 11. August 1974 die 99 1568, die man heute noch immer dort antreffen kann.
Foto: R. Preuß

▲ In diesem Zustand, allerdings manchmal mit aufgemalter EDV-Nummer, verkehrten die Lokomotiven der früheren Gattung IV K bis in die 70er-Jahre. Die 99 1600 stand am 17. Juli 1971 in Löthain.
Foto: R. Preuß

Maschinen lieferte die Fabrik auch an eine schlesische Kleinbahn und an einige Privatbahnen.
Die Verbesserung der Kurvenläufigkeit erreichte man bei dem Vierkuppler mit Klien-Lindner-Hohlachsen (Ewald Richard Klien, 1841–1917; Heinrich Robert Lindner, 1851–1933; beide Baurat bei den Sächsischen Staatseisenbahnen). Bei dieser Konstruktion waren die Räder durch eine Hohlachse verbunden. Innerhalb der Hohlachse lief eine Kurbelwelle, die im Außenrahmen fest gelagert und von den Kuppelstangen angetrieben wurde. Mit Zapfen und Gleitstücken wurde die Kraft von der Kurbelwelle zur Hohlachse übertragen. Die angetriebenen Achsen erhielten so ein genügendes Seitenspiel.
Beim Antrieb konnte die Verbundwirkung in einfacher Weise auch mit zwei Zylindern erzielt werden, wobei der Hochdruckzylinder mit 340 mm Durchmesser rechts lag. Zum Nassdampf-Verbundtriebwerk gehörte die Lindnersche Anfahrvorrichtung.
Ansonsten waren die Lokomotiven mit einer Handbremse, den Einrichtungen für die Heberleinbremse und mit einer Dampfbremse ausgestattet. Bei dieser in Sachsen sehr beliebten Bremse drückten Dampfzylinder die Bremsklötze gegen die Kuppelradsätze. Später wurde die Dampfbremse durch die Saugluftbremse ersetzt. Kessel, Vorratsbehälter und Masse waren nahezu identisch mit der Gattung IV K.
Die Freude der Direktion, größere Schlepplasten ziehen zu lassen, währte indes nicht lange. Zum einen war inzwischen bei den Lokomotiven der Gattung IV K die Leistung erhöht worden, zum anderen brachte das Triebwerk der neuen Gattung V K nicht die erwarteten geringeren Unterhaltungskosten. Es blieb daher bei der Beschaffung von nur neun V K-Lokomotiven, die alle von der Deutschen Reichsbahn als 99 611 bis 99 619 übernommen wurden. Sie waren neben der Strecke Heidenau–Altenberg auch in den Netzen um Thum und Mügeln und auf der Strecke nach Eppendorf eingesetzt. Ein Teil der Lokomotiven ist in den 30er-Jahren ausgemustert worden, die letzten fünf wurden 1942 abgestellt.
Nach dem Ende des Ersten Weltkriegs waren für die vielen sächsischen Schmalspurstrecken genügend Lokomotiven vorhanden. Nur der Wunsch nach einer betont leistungsfähigen Maschine blieb offen. Als sich daher für die Staatseisenbahnen die Gelegenheit bot, 15 Lokomotiven der Bauart Eh2t zu erwerben, die 1918 noch für die Kaiserliche Heeresfeldbahn gebaut, aber nicht ausgeliefert worden waren, griff sie zu und bezeichnete sie mit den Betriebsnummern 210 bis 224. Diese Fünfkuppler von der Firma Henschel & Sohn in Kassel kamen als Gattung VI K zuerst zur Strecke Mügeln–Geising-Altenberg und bewährten sich hier wegen ihrer großen Zugkraft. Mit der Gattung VI K wurde erstmals Heißdampf auf den sächsischen Schmalspurstrecken eingeführt. Ein Seitenspiel der 1. und 5. Achse von jeweils 30 mm und der 3. Achse von 20 mm sicherte die notwendige Kurvengängigkeit.
Die Deutsche Reichsbahn übernahm nicht nur die Lokomotiven der Gattung VI K als 99 641 bis 99 655,

sondern beschaffte ab 1923 weitere Maschinen für die Reichsbahndirektionen Dresden und Stuttgart. An dem Nachbau waren außer der Firma Henschel auch die Sächsische Maschinenfabrik Chemnitz und die Maschinenbau-Gesellschaft Karlsruhe beteiligt. Die Nachbaulokomotiven fielen durch den weniger abgerundeten Dampfdom auf.

Soweit der Oberbau Achslasten von 8 und 9 t zuließ, wurden die 57 Lokomotiven außer in Mügeln (Heidenau) auch in Hainsberg, Wilsdruff, Thum, Zittau und Radebeul Ost stationiert.

1930 gingen zwei, 1938, nach dem Umbau der Strecke Heidenau–Altenberg auf Normalspur, noch einmal sechs Lokomotiven an die Reichsbahndirektion Stuttgart. Im Zweiten Weltkrieg und in der Zeit unmittelbar danach verringerte sich bei der Reichsbahndirektion Dresden der Bestand der Gattung VI K auf 26 Stück. Zwei der verloren gegangenen Lokomotiven verschlug es zur österreichischen Waldviertelbahn, die 99 702 verblieb in Frýdlant (Tschechoslowakei) als U 58.001.

Im Laufe der 50er-Jahre wurde die VI K in Wilsdruff konzentriert, wo man 1951 ein Bahnbetriebswerk eingerichtet hatte. Die Maschinen befuhren die Strecken zwischen Freital-Potschappel und Nossen sowie nach Klingenberg-Colmnitz und bis Frauenstein. Sie waren auch in Freital-Hainsberg und Radebeul Ost eingesetzt.

Zwischen 1963 und 1967 erhielten acht Lokomotiven die Generalreparatur (Rekonstruktion). Das waren neue Kessel, neue Rahmen, geschweißte Vorratsbehälter; die Treibstange wurde von der vierten auf die dritte Achse verkürzt und das Führerhaus dem der Neubaureihe 99^{77-79} angeglichen.

Mit der Stilllegung der Strecken um Wilsdruff und von Klingenberg-Colmnitz nach Frauenstein ging der Einsatz der VI K zu Ende. Allerdings wurden die Lokomotiven 99 713 und 99 715, die nicht zu den modernisierten

Die Letzten der Baureihe 99^{51-60} (ex Gattung IV K)

Betriebsnummer	Heimat	Bemerkung
99 516	Schönheide	Betriebsfähig
99 534	Geyer	Denkmallokomotive
99 535	Verkehrsmuseum Dresden	Ausstellungsfahrzeug
99 539	Radebeul Ost	Traditionslok, derzeit nicht betriebsfähig
99 542	Jöhstadt	betriebsfähig
99 555	Zittau	Zur Aufarbeitung
99 561	Mügeln	Außer Dienst gestellt
99 562	Deutsches Dampflokomotivmuseum Neuenmarkt-Franken	Ausstellungsfahrzeug
99 564	Radebeul Ost	betriebsfähig
99 566	Sächsisches Eisenbahnmuseum Chemnitz-Hilbersdorf	Ausstellungsfahrzeug
99 568	Jöhstadt	betriebsfähig
99 574	Mügeln	betriebsfähig
99 579	Lindenberg	betriebsfähig (Prignitzer Kleinbahnmuseum)
99 582	Schönheide	Zur Aufarbeitung
99 584	Mügeln	Leihgabe an Technik & Eisenbahn Museum Rügen in Prora, nicht betriebsfähig
99 585	Schönheide	Außer Dienst gestellt
99 590	Jöhstadt	betriebsfähig
99 594	Straupitz	Ausstellungsfahrzeug
99 604	Radebeul Ost	Ausstellungsfahrzeug
99 608	Annaberg-Buchholz	betriebsfähig

▲ Die Einheitslokomotiven der DRG für 750 mm Spurweite besaßen alle Vorzüge moderner Dampflokomotiven und bewährten sich hervorragend. Einige sind noch heute im Einsatz. Das Bild zeigt die 099 733 der Deutschen Bahn AG (ex DR 99 760) im Jahr 1996 im Bahnhof Bertsdorf.   Foto: R. Preuß

Die Letzten der Baureihe 99$^{64-71}$

Betriebsnummer	Heimat	Bemerkung
99 713	Radebeul Ost	betriebsfähig
99 715	Freital-Hainsberg	betriebsfähig

Lokomotivdenkmale für die Gattung VI K außerhalb der DDR wurde die 99 651 in Steinheim (Murr) und die 99 716 in Güglingen im Zabergäu hergerichtet. Letztere ist im Werk Meiningen der Deutschen Bahn AG betriebsfähig aufgearbeitet worden und wird seit 1997 von der Museumsbahn Ochsenhausen–Warthausen eingesetzt.

Die VI K war zweifellos ein Erfolg. Doch als die neugegründete Deutsche Reichsbahn daran ging, bei den normalspurigen Länderbahnlokomotiven den Bestand aufzunehmen und als Ergebnis die Konstruktion von Einheitslokomotiven beschloss, gelang es der Reichsbahndirektion Dresden, auch die Neuentwicklung einer Dampflokomotive für die Spurweite von 750 mm durchzusetzen. Dafür erhielt die Sächsische Maschinenfabrik den Auftrag. Die neue Gattung sollte ausschließlich als Gebirgslokomotive für die Strecken Cranzahl–Oberwiesenthal und Zittau–Oybin/Jonsdorf gebaut werden. Kein Wunder also, dass dafür die Chemnitzer Firma ausgewählt wurde. Es war die letzte Lokomotivgattung aus

gehört hatten, in letzter Minute für den Fortbestand erhalten. Die 99 715 kam 1968 aufgearbeitet zur ersten Ausstellung von Museumslokomotiven nach Radebeul, fuhr danach wieder auf Wilsdruffer Strecken und ist für Dauer in Radebeul Ost als Denkmallokomotive abgestellt worden. Die 99 713 wurde ebenfalls aufgearbeitet und steht seit 1975 betriebsbereit für Traditionszüge zwischen Radebeul Ost und Radeburg zur Verfügung. Als

Die Letzten der Baureihe 99$^{73-76}$

Betriebsnummer	Heimat	Bemerkung
99 731	Zittau	betriebsfähig
99 734	Freital-Hainsberg	betriebsfähig
99 735	Zittau	betriebsfähig
99 741	Freital-Hainsberg	betriebsfähig
99 746	Freital-Hainsberg	betriebsfähig
99 747	Freital-Hainsberg	Zur Aufarbeitung
99 749	Zittau	betriebsfähig
99 750	Trixi-Park Großschönau	Ausstellungsfahrzeug
99 757	Zittau	Außer Dienst gestellt
99 758	Zittau	betriebsfähig
99 759	Sächsisches Schmalspur-Museum Rittersgrün	Ausstellungsfahrzeug
99 760	Zittau	Außer Dienst gestellt
99 761	Radebeul Ost	betriebsfähig
99 762	Freital-Hainsberg	betriebsfähig

der für die sächsische Eisenbahn so traditionsreichen Sächsischen Maschinenfabrik.

Den Entwurf für die neue Baureihe 99$^{73-76}$ erarbeitete das Vereinheitlichungsbüro der Deutschen Lokomotiv-Vereinigung in Berlin-Tegel im Zusammenwirken mit dem Lokomotivdezernat des Reichsbahn-Zentralamtes. So entstand in Chemnitz eine Lokomotivgattung, die den normalspurigen Einheitslokomotiven sehr ähnlich wurde. Alles, was eine Lokomotive nur haben konnte, wurde eingebaut, und zwar so vollständig, das die neue Baureihe im Nu den Spitznamen »Weihnachtsbaum« (»Es hängt alles dran!«) erhielt.

Die Lokomotiven wurden mit Bisselachsen ausgerüstet; jede Laufachse lagerte in einem Deichselgestell mit einer Ausschlagmöglichkeit von 120 mm nach jeder Seite. Die Achsfolge 1'E1' garantierte in beiden Fahrtrichtungen eine vertretbare Laufruhe und ermöglichte die Verwendung eines größeren Kessels. Um Gleisbögen mit einem Halbmesser von 50 m befahren zu können, schwächte man anfangs die Spurkränze der Treibachse um 10 mm und gab der zweiten und der vierten Kuppelachse je 6 mm Seitenverschiebbarkeit. Nach 1945 wurden der Spurkranz der Treibachse völlig abgedreht und die Seitenverschiebbarkeit der zweiten und vierten Kuppelachse auf 24 mm erhöht. Um einer noch besseren Laufruhe willen wurde der feste Achsstand von 3000 mm auf 4000 mm vergrößert. Von den insgesamt 32 Maschinen bezog die Deutsche Reichsbahn 13 Lokomotiven aus Chemnitz und 1929 sieben sowie 1933 noch einmal 12 Lokomotiven von der Berliner Maschinenfabrik, vorm. Louis Schwartzkopff, aus Wildau.

Die Baureihe bewährte sich in Sachsen außerordentlich gut. Der Bestand verringerte sich nach dem Zweiten Weltkrieg zunächst durch Reparationsleistungen an die UdSSR um zehn Maschinen, weitere elf Lokomotiven wurden zwischen 1968 und 1974 ausgemustert. Die 1965 und 1996 im Raw Görlitz mit neuen Kesseln bestückten zehn Lokomotiven waren 1982 im Bahnbetriebswerk Zittau und in Freital-Hainsberg (Bahnbetriebswerk Nossen) beheimatet. Eine Episode blieben 1977 Probefahrten der 99 1735 auf der Insel Rügen, die zwar ohne Beanstandungen verliefen. Weil man die Lokomotive nicht unterstellen konnte, schickte man sie nach Sachsen zurück. 1992 und auch 1997 blieb es beim Einsatz dieser Lokomotivgattung in Zittau und in Freital-Hainsberg, wobei die Sächsisch-Oberlausitzer Eisenbahn in Zittau seit 1996 nur noch zwei und seit dem Winterfahrplan 1997/1998 drei Lokomotiven verwendete. Die Deutsche Reichsbahn ließ 1992/1993 im Reichsbahn-

▲ Gemischte Züge fuhren zuletzt zwischen Rothenkirchen (Vogtl) und Schönheide Süd, denn reine Personen- oder Güterzüge lohnten sich hier nicht. Die Aufnahme zeigt einen Pmg am 7. April 1974 bei Schönheide West. *Foto: R. Preuß*

ausbesserungswerk Görlitz Schmalspurlokomotiven für 750-mm-Spur auf Leichtölfeuerung umbauen. Am 23. Januar 1992 ging als Erste die 099 733 (ex. 99 760) in die Erprobung. 1992/1993 wurden noch die Lokomotiven 099 728 (ex. 99 749), 724 (ex. 99 735), 729 (ex. 99 750), 731 (ex. 99 758), 751 (ex. 99 787) – sämtlich in Zittau stationiert – auf Ölfeuerung umgestellt. Die Maschinen erhielten einen Schlitzbrenner mit Zerstäuberplatte und an Stelle des Kohlenkastens einen Ölbehälter für 1900 l Öl (099 751: 2900 l). Abgase und der schwarze Rauchpilz über den Lokomotiven bei Bergfahrten sowie die Geräuschbelastung durch den Brenner beendeten die Versuche mit der Ölfeuerung. Die Lokomotiven 99 735 und 99 758 der Sächsisch-Oberlausitzer Eisenbahn-Gesellschaft, wurden inzwischen wieder auf die Kohlenfeuerung umgestellt. Am 5. Februar 1997 fand von Zittau aus eine Lastprobefahrt mit den rückgebauten Lokomotiven statt.

Da sich die Baureihe 99$^{73-76}$ als geeignetste Lokomotivgattung für den sächsischen Schmalspurbetrieb erwies, andererseits nach 1950 nur noch 22 Maschinen dieser Baureihe bereitstanden – von 1933 bis nach dem Kriege war es zu Neubauten nicht mehr gekommen –, sah sich die Deutsche Reichsbahn veranlasst, 1952 neue, ähnliche Maschinen in Auftrag zu geben. Geliefert wurden sie vom VEB Lokomotivbau »Karl Marx« in Babelsberg. Die neuen Lokomotiven (Baureihe 99$^{77-79}$) unterscheiden sich wenig von der vorangegangenen Baureihe. Die Bauart 1'E1'h2t wurde beibehalten. An Stelle des Barrenrahmens trat ein Blechrahmen. Die große Rostfläche erlaubte die Feuerung mit Braunkohlenbrikett, dem nach 1945 bei

▲ Nicht wesentlich von den Einheitsmaschinen unterscheiden sich die Neubauloks der Deutschen Reichsbahn. Die 099 757 (ex DR 99 794) stand 1995 in Diensten der Deutschen Bahn AG und wartete im Kurort Oberwiesenthal auf die Abfahrt nach Cranzahl.

Foto: R. Preuß

▲ Noch heute stehen einige der fast schon legendären IV K unter Dampf. Am 17. Mai 1997 war die 99 1608 auf der Preßnitztalbahn in der Nähe des Haltepunkts Forellenhof im Einsatz.

Foto: R. Preuß

der Deutschen Reichsbahn üblichen Heizmaterial. Als Überhitzer wurde die Bauart Schmidt (Wilhelm Schmidt, 1858–1924, Zivilingenieur in Kassel) gewählt. Der Aschkasten ist aus Platzmangel seitlich über die Räder herausgezogen. Funkensiebe verhindern das Herausfallen glühender Kohlenstücke.

Wie bei der Vorgängerin sind die vordere und hintere Laufachse Bissel-Achsen, die Treibachse ist ohne Spurkranz. Die Lokomotive wird mit Druckluft (Knorrbremse), der Zug mit Saugluft gebremst. Einrichtungen für die Heberleinbremse waren vorgesehen. Das wesentlichste, von den Vorgängen abweichende Konstruktionsmerkmal ist die weitgehende Anwendung der Schweißtechnik.

Die Neubaulokomotiven waren für die Strecke Cranzahl–Oberwiesenthal und für das Netz um Thum vorgesehen. Drei Maschinen wurden jedoch zunächst vom Werk zur Strecke Wernshausen–Trusetal dirigiert und kamen erst 1969 nach Stilllegung der Strecke von Thüringen nach Sachsen. Im Jahr 2002 findet man die Baureihe 99[77-79] auf den Strecken Cranzahl–Oberwiesenthal, Freital-Hainsberg–Kurort Kipsdorf, Radebeul Ost–Radeburg, auf der Insel Rügen (Putbus–Göhren) und bei der schwäbischen Museumsbahn Warthausen-Ochsenhausen.

Der ausgedehnte Schmalspurbahnbetrieb in Sachsen mit der einheitlichen Spurweite, großen zusammenhängenden Netzen und der einheitlichen Verwaltung gestatteten es, sich auf wenige Lokomotivbaureihen zu beschränken und von ihnen hohe Stückzahlen zu bauen. Konstruktionen, die sich nicht bewährten, sind als Splitterbaureihen mit zwei bis neun Stück fast nicht erwähnenswert. Außerdem gab es auf sächsischen Strecken Einzelgänger, die teils von weither kamen und teils nur kurze Gastrollen gaben.

Besonders am Ende des Zweiten Weltkrieges standen zahlreiche Lokomotiven fremder Bahnverwaltungen im Bereich der Rbd Dresden. Diese Maschinen waren nach der Besetzung fremder Länder auf sächsisches Gebiet gebracht worden. Ein Teil von ihnen ist nie eingesetzt worden, sie erhielten auch keine DR-Betriebsnummern und wurden in den 50er-Jahren verschrottet. Erwähnt werden hier nur einzelne Lokomotiven, die tatsächlich im Zug- oder Rangierdienst eingesetzt waren.

Um 1939 kam aus der Tschechoslowakei die Lokomotive 99 791 (ex ČD U 37.007, ex Nummer 11 der Friedländer Bezirksbahn) nach Hetzdorf. Die Friedländer Bezirksbahn war mit der Strecke Zittau–Hermanice (Hermsdorf i. B.) unmittelbar verbunden: Die Spurweite stimmte mit der sächsischen Strecke überein. Die Tenderlokomotive der Bauart C1'n2t war 1899 bei der Lokomotivfabrik Krauss und Comp. in Linz als Fabriknummer 4183 gebaut worden. Bei einem Aufenthalt im Ausbesserungswerk Česka Lipa (Böhmisch Leipa) erhielt sie 1945 Fliegerbeschuss, kam im gleichen Jahr ins Ausbesserungswerk Chemnitz, wurde dort aufgearbeitet und von 1947 bis 1952 wieder auf der Strecke Hetzdorf (Flöhatal)–Eppendorf einge-

Die Letzten der Baureihe 99⁷⁷⁻⁷⁹

Betriebsnummer	Heimat	Bemerkung
99 771	Freital-Hainsberg	betriebsfähig
99 772	Kurort Oberwiesenthal	betriebsfähig
99 773	Kurort Oberwiesenthal	betriebsfähig, Leihgabe an Rügensche Bäderbahn Putbus
99 775	Radebeul Ost	betriebsfähig
99 776	Kurort Oberwiesenthal	Außer Dienst gestellt
99 777	Radebeul Ost	Außer Dienst gestellt
99 778	Radebeul Ost	Außer Dienst gestellt
99 778	Radebeul Ost	Außer Dienst gestellt
99 779	Radebeul Ost	Außer Dienst gestellt
99 780	Freital-Hainsberg	Außer Dienst gestellt
99 781	Jöhstadt	Nicht betriebsfähig
99 782	Putbus	Zur Aufarbeitung
99 783	Putbus	betriebsfähig
99 784	Putbus	betriebsfähig, Leihgabe an Rügensche Bäderbahn Putbus
99 785	Kurort Oberwiesenthal	Außer Dienst gestellt
99 786	Kurort Oberwiesenthal	betriebsfähig
99 787	Zittau	betriebsfähig, Leihgabe an Rügensche Bäderbahn Putbus
99 788	Warthausen	betriebsfähig, Öchsle-Bahn Warthausen — Biberach
99 789	Radebeul Ost	betriebsfähig
99 790	Freital-Hainsberg	Ausstellungsfahrzeug
99 791	Radebeul Ost	Ausstellungsfahrzeug
99 793	Radebeul Ost	betriebsfähig
99 794	Freital-Hainsberg	betriebsfähig

setzt. 1953 ist die Lokomotive nach Perleberg umgesetzt worden und erhielt dort 1957 die Nummer 99 4712.
Aus Polen hatte es 1942 eine Maschine der Bauart Dn2 nach Wilsdruff verschlagen, die bei den Polnischen Staatsbahnen mit der Betriebsnummer 4312 eingesetzt war und 1942 von der Deutschen Reichsbahn als 99 2571 eingereiht worden ist. Die Lokomotive war bei der Maschinenfabrik der Staats-Eisenbahn-Gesellschaft in Österreich unter Mitwirkung von Louis Adolf Gölsdorf (1837–1911, Maschinendirektor der österreichischen Südbahn) für die österreichische Heeresfeldbahn als Reihe 3.09 gebaut worden. Der vierachsige Schlepptender besaß keine Drehgestelle, die Endachsen des Tenders und der Lokomotive hatten jederseits 25 mm Seitenspiel. Dadurch waren Gleisbögen mit 18 m Radius befahrbar.

Der Dampfdruck von 17 kp/cm² war für Österreich außergewöhnlich. Nicht alltäglich war auch die Joy-Steuerung mit dem rollenden Stein (David Joy, 1825–1903, erfand 1879 die nach ihm benannte Steuerung für Lokomotiven und Schiffsmaschinen) mit dem vereinfachten Antrieb nach Gölsdorf für entsprechend ungleiche Füllungen der beiden Kolbenseiten. Die 12,4 t schwere Lokomotive (plus 11 t Tender) war im Stande, bei einer Steigung von 50 Promille noch 47 t Wagenmasse zu ziehen.
In Sachsen behielt die Lokomotive ihren Kobelschornstein. Sie wurde 1947 in Wilsdruff aufgearbeitet und zum Rangierdienst sowie für Übergabe- und Arbeitszüge nach Meißen-Triebischtal verwendet. 1953 erhielt sie die Betriebsnummer 99 4051. Nachdem der vorgesehene Einsatz als Lokomotive für eine geplante Pioniereisen-

▲ Am 17. Juli 1971 ergänzte die 99 1600 in Lommatzsch ihre Vorräte. Lokführer und Heizer bekohlten ihre Maschine mithilfe eines Förderbandes. *Foto: R. Preuß*

▲ Um die gleiche Leistung wie die Hochdruckzylinder zu erreichen, weisen die Niederdruckzylinder für das vordere Drehgestell einen größeren Durchmesser auf. *Foto: R. Preuß*

bahn (DDR-Begriff einer Parkeisenbahn) in Thüringen fehlgeschlagen war, wurde sie am 12. Oktober 1957 im Reichsbahnausbesserungswerk Meiningen zerlegt.

Von etwa 1948 bis 1955 war beim Bahnbetriebswerk Mügeln die Lokomotive 99 2563 eingesetzt. Sie war 1916 bei MAVAG Budapest als Bauart Dn2t gebaut, bei den MÁV unter der Betriebsnummer 490 956 und danach auf der Strecke Novy Lupkow–Cisna in Südpolen als D 8-1690 eingesetzt worden. Die Lokomotive wurde am 30. November 1955 ausgemustert und 1956 verschrottet.

1947 wurde eine 1943 in Mügeln angekommene Lokomotive der Bauart Cn2t fahrtauglich gemacht und als Rangierlokomotive eingesetzt. Die Maschine war 1916 bei Orenstein & Koppel als Fabriknummer 7833 gebaut und bei den Polnischen Staatsbahnen als 132-KI eingesetzt worden. In Mügeln erhielt sie die Betriebsnummer 99 4001. Am 6. November 1950 wurde sie an die Maxhütte in Unterwellenborn verkauft und dort 1955 zerlegt.

1924 lieferte die Lokomotivfabrik in Drewitz bei Potsdam, die dem Konzern Orenstein & Koppel gehörte, an die Trusebahn Wernshausen–Trusetal im Reichsbahndirektionsbezirk Erfurt eine Schmalspurlokomotive der Bauart Dn2t. Sie erhielt die Betriebsnummer 99 4532 und blieb bis 1963 im Thüringischen. Von dort kam sie ins Bahnbetriebswerk Zittau und war bis Oktober 1989 im Einsatz. Sie löste die letzten hier stationierten Maschinen der Gattung IV K ab. Die Lokomotive wurde ausschließlich in Zittau im Rangierdienst verwendet, zum Beispiel zum Abziehen und Beidrücken von Rollwagen bei der Umsetzanlage. Die kleine, wendige Maschine war beim Rangierpersonal beliebt. Daraus ist auch der lange Einsatzzeitraum als Einzelstück begründet.

Neben der aus Polen gekommenen und in Österreich gebauten Schlepptenderlokomotive gab es eine zweite schmalspurige Maschine dieser Art. Sie war 1934 als Bauart Dh2 beim Kraftmaschinenbaubetrieb Kriskingo in Nikolajewski mit Fabriknummer 0042 gebaut worden und 1942 nach Zittau gelangt. Nach Aufarbeitung im Jahr 1949 vom Bahnbetriebswerk Zittau kam sie bis 1950 in den Bestand des Bahnbetriebswerks Wilsdruff und erhielt die Nummer 99 4052. Sie fuhr bis 1951 auf der Strecke Goßdorf-Kohlmühle–Hohnstein und, als dort die Strecke abgebaut wurde, die Arbeitszüge. Nach dem anschließenden Einsatz beim Bahnbetriebswerk Thum, wo sie den Spitznamen »Gummidampfer« erhielt, wurde die Lokomotive 1952 an die Reichsbahndirektion Erfurt abgegeben.

Nach 1945 baute der VEB Lokomotivbau »Karl Marx« in Babelsberg Schmalspurlokomotiven der Bauart Dh2 für den Export, u. a. für Waldbahnen in der Sowjetunion. Eine dieser Lokomotiven mit der Fabriknummer 15101 kam 1947 zur Strecke Freital-Hainsberg–Kurort Kipsdorf, wo sie sich mit der Bezeichnung Gr 001 (in kyrillischen Buchstaben) kurzzeitig im Versuchseinsatz befand. Die Lokomotive war für eine Achsfahrmasse von 6,5 t entworfen worden. Der Raddurchmesser von 800 mm ließ eine Höchstgeschwindigkeit von 35 km/h zu. Die Kurvengängigkeit für 40-m-Bogen wurde durch die Seitenver-

schieblichkeit der beiden mittleren Achsen erreicht. Der Schlepptender fasste 5,5 m3 Wasser und 3 t Kohlen.
Die Rostfläche der Lokomotive war mit 1,6 m² so reichlich bemessen, dass mit Holz oder Braunkohlen gefeuert werden konnte. Die Führerhausrückwand besaß eine Schiebetür, und der Übergang zwischen Lokomotive und Tender war durch einen Segeltuchfaltenbalg geschlossen, sodass das Lokomotivpersonal auf dem Führerstand vor Witterungseinflüssen geschützt blieb. Als Bremsen waren vorhanden: eine Handbremse als Wurfhebelbremse, eine Dampfbremse und für den Tender eine Spindelbremse. Für den Einsatz bei der Deutschen Reichsbahn erhielt die Lokomotive neben der Haspel für die Heberleinbremse die Druckluftbremse der Bauart Knorr an Stelle der Dampfbremse. Die ohne Tender 25,6 t schwere Lokomotive war in der Lage, auf 10 Promille Steigung 200 t schwere Züge mit 10 km/h zu ziehen.

Nach der Erprobung im Osterzgebirge kam die Gr 001 im Jahre 1947 zur Generaldirektion der Landesbahnen Brandenburg und von dort 1950 zurück in den Betriebspark der Deutschen Reichsbahn, nunmehr unter der Nummer 99 1401. Als Einzige dieser Reihe blieb nur die Lokomotive Gr 320 erhalten. Der Benndorfer Bergwerksverein organisierte 1995 die Überführung dieser Lokomotive aus Estland. Nach einer aufwändigen Aufarbeitung durfte die Lokomotive mit Schlepptender 1999 wieder fahren. Sie ist unter der Betriebsnummer 20 des Vereins Mansfelder Bergwerksbahnen mitunter auch auf sächsischen Strecken zu sehen.

Ziemlich spät wurde bei den sächsischen Schmalspurbahnen der Einsatz von Dieseltriebfahrzeugen erprobt. 1938 bestellte die Deutsche Reichsbahn vier Triebwagen bei der Waggon- und Maschinenfabrik AG., vormals Busch, Bautzen, und setzte sie vom Bahnbetriebswerk Zittau aus auf den Strecken Zittau–Kurort Oybin/Kurort Jonsdorf und Zittau–Hermsdorf i. B. ein. Ursprünglich sah die Reichsbahndirektion Dresden acht solcher Triebwagen mit Beiwagen für die Strecke Hainsberg–Kipsdorf vor. Da erst einmal nur vier und keine Beiwagen geliefert wurden, verlegte man den Ersteinsatz nach Zittau. Diese Triebwagen bewährten sich, aber der Krieg verhinderte den Bau weiterer Fahrzeuge.

Die vier Triebwagen waren im Grundriss ungleich: Zwei Fahrzeuge waren mit 28 Sitzplätzen und Gepäckraum, zwei mit 34 Sitzplätzen ausgerüstet. Der Acht-Zylinder-Dieselmotor der Vogtländischen Maschinenbau A.-G. in Plauen (VOMAG), jeweils mit einem Voith-Doppel-Turbogetriebe in einem Hilfsrahmen am Wagenkasten aufgehängt, leistete 132 kW bei 1500 Umdrehungen. Motor und Getriebe befanden sich unter dem Wagenfußboden. Nur ein Drehgestell wurde angetrieben, dessen Achsen durch Kuppelstangen miteinander verbunden waren.
Brown, Boveri & Cie. lieferten die elektrische Ausrüstung. Die »Auf-Ab-Steuerung« ermöglichte eine stufenlose Regelung der Dieselmotoren. Ferner war die Vielfachsteuerung mehrerer Triebwagen möglich. Die Scharfenbergkupplung verband dafür selbsttätig auch die elektrischen Leitungen.

Am Ende des Zweiten Weltkrieges war nur noch ein Triebwagen, der VT 137 322, bei der Reichsbahndirektion Dresden vorhanden, die diesem für den weiteren Einsatz umgerüstete Personenwagen beistellte. Die Umrüstung bezog sich lediglich auf Bremse und Heizung, zudem unterschieden sich die Beiwagen durch ihren triebwagenähnlichen Anstrich von anderen Wagen.

1964 wurde der VT 137 322 außer Dienst gestellt. Er gehört dem Verkehrsmuseum Dresden, das im Jahre 1995 mit dem Verein Interessenverband Zittauer Schmalspurbahnen einen Pflegevertrag und im Jahre 2000 einen Nutzungsvertrag abschloss. Mit Spenden und der Hilfe mehrerer Unternehmer gelang es nicht, den Triebwagen wieder betriebsfähig herzurichten. Gemeinsam mit der SOEG wurde eine Finanzierung möglich. Seit 10. August 2007 fährt der Triebwagen wieder und soll an Wochenenden planmäßig eingesetzt werden wie bei Veranstaltungen auf anderen sächsischen Strecken. Solche Fahrten im Jahre 2008 waren die ersten außerhalb seiner Zittauer Strecke. Der VT 137 322 bleibt aber weiterhin Eigentum des Verkehrsmuseums Dresden.

Ein weiterer Triebwagen entstand nach dem Zweiten Weltkrieg aus einem Wiederaufbauprojekt. Während des

▲ Eine »rekonstruierte« IV K – die 99 1590 – stand am 9. März 1971 im Bahnhof Schönheide Süd.
Foto: R. Preuß

Fahrzeug-Einzelgänger bei den sächsischen Schmalspurbahnen

Dampflokomotiven

Betriebs-Nr.	Bauart	Hersteller	Baujahr	Fabriknummer	Bemerkungen
99 162	B'B'-n4vt	SMF	1902	2648	Meterspur, Einsatz bei auf Strecke Reichenbach (Vogtl) unt Bf — Oberheinsdorf von den sächsisch Staatsbahnen als IM 252, DR 99 162, Eigentum des Verkehrsmuseums Dresden, seit 31.10.1999 als Dauerleihgabe an Traditionsverein Rollbockbahn e. V. für Aufstellung am ehemaligen Einsatzort; nicht betriebsfähig
99 4511	C1'n2t	Krauss	1899	4113	Ex Kleinbahn Rathenow-Senzke-Nauen, ex DR, ex Holiday-Park Haßloch
99 4532	Dn2t	O & K	1924	10844	Eigentümer seit 1.2.2001: Interessenverband Zittauer Schmalspurbahnen (abgestellt in Bertsdorf)

Diesellokomotiven

Betriebs-Nr.	Bauart	Hersteller	Baujahr	Fabriknummer	Bemerkungen
199 007	C-dm	LKM	1954	250029	Typ Ns4; ex DR, Schönfeld-Wiesa, seit 1992 Preßnitztalbahn, betriebsfähig
199 008	C-dm	LKM	1957	250027	Typ Ns4; ex DR (ab 1992: 399 702), Schönfeld-Wiesa, seit 1993 bei Döllnitzbahn, nur ausnahmsweise eingesetzt
199 0091	C-dm	LKM	1964	250337	Typ 10C; ex DR in Wilischthal und Schönfeld-Wiesa, seit 1995 bei Preßnitztalbahn, betriebsfähig
199 013	C-dh	Buk	1980	24060	Von Zuckerfabrik Zbierks/Polen (Lyd D2-103), 2002 SOEG
199 051	C-dm	LKM	1960	250218	Typ 10C; ex Papierfabrik Venusberg, seit 1993 Museumsbahn Schönheide, betriebsfähig
L45H083	C-dh	Buk	1985	24972	Ex Rumänien über MaLoWa; seit 2.5.2001 Oberwiesenthal (BVO/SDG)
L45H084	C-dh	Buk	1985	24793	Von rumänischer Kohlebahn, SDG Freital-Hainsberg
L45H358	C-dh	Buk	1969	20850	SDG Radebeul Ost

Triebwagen

Betriebs-Nr.	Bauart	Hersteller	Baujahr	Fabriknummer	Bemerkungen
137 322	B'B'	Busch	1938		Ex DR; 1980 an Verkehrsmuseum Dresden; 1995 mit Pflegevertrag an Interessenverband Zittauer Schmalspurbahnen zur Nutzung übergeben, 2007 Leihvertrag mit SOEG, seit 10.8.2007 wieder betriebsfertig.
199 030[1]	1'Bo1'-de	Simm/SWW	1940	66765	Ex ÖBB (2091.010); seit 11.4.1997 Döllnitzbahn
199 031[1]	1'Bo1'-de	Simm/SWW	1940	66767	Ex ÖBB (2091.010); ex Öchsle Museumsbahn (VT 137 343), seit 23.3.2001 Döllnitzbahn

[1] Die Fahrzeuge trugen nie eine DR-Betriebsnummer. Die derzeitige wurde vom Betreiber frei vergeben.

Buk Werk »23. August«, Bukarest
Busch Waggon- und Maschinenfabrik AG, vorm. Busch, Bautzen
BVO Busverkehr Obererzgebirge
DR Deutsche Reichsbahn
Ex Ehemals
LKM Lokomotivbau Karl Marx, Potsdam-Babelsberg
O & K Orenstein & Koppel, Drewitz
SDG Sächsische Dampfbahn-Gesellschaft
Simm Simmering-Graz-Pauker, Wien
SOEG Sächsisch-Oberlausitzer Eisenbahngesellschaft
SSW Siemens-Schuckert-Werke, Berlin und Erlangen

Krieges waren drei Triebwagenteile von den Lettischen Eisenbahnen nach Sachsen umgesetzt und im Bahnhof Wolkenstein abgestellt worden. Während eines Luftangriffs auf die Stadt Wolkenstein wurde das Fahrzeug schwer beschädigt. Nach 1945 sind die Triebwagenreste zum Bahnbetriebswerk Dresden-Pieschen geschafft worden, und 1951 bauten Eisenbahner in Freital-Potschappel aus den verwendbaren Teilen wieder einen dreiteiligen Triebwagen auf, der als VT 137 600 bezeichnet wurde. Ursprünglich sollte er in der Waggonfabrik Görlitz montiert werden.

Beim VT 137 600 handelte es sich um ein dreiteiliges Fahrzeug mit der Achsfolge 2'(1A)(A1)2', bestehend aus zwei Endwagen und einem Mittelteil. Jeder Endwagen besaß einen Führerstand und einen Fahrgastraum. Im Mittelteil befanden sich die beiden Motoren mit je 55,2 kW Leistung, die je eine Achse des Triebgestells antrieben. Ferner enthielt der Mittelteil ein Gepäckabteil, das zugleich Dienstraum für den Zugführer war. Beim Neubau in Freital-Potschappel erhielt der Triebwagen eine einlösige Knorr-Druckluftbremse und in jedem Wagenteil eine Niederdruckheizung. Später wurde das Fahrzeug auf die mehrlösige Hildebrand-Knorr-Bremse und Warmwasserumlaufheizung umgerüstet; eine Sicherheitsfahrschaltung für die Einmannbesetzung kam hinzu.

Nach den Aufbauarbeiten fand am 16. August 1951 die Abnahme statt. Der Triebwagen verkehrte zwischen Freital-Potschappel und Nossen, wurde 1955 zum Bw Zittau abgegeben, hier zwischen Zittau, Oybin und Jonsdorf eingesetzt, schließlich wegen seiner schwachen Leistung und Störanfälligkeit nach Putbus umgesetzt.

Von 1956 an sollte auch auf Schmalspurbahnen der Deutschen Reichsbahn die Dampftraktion abgelöst werden. Dazu entwickelte der VEB Lokomotivbau »Karl Marx« Babelsberg speziell, um die Lokomotivgattung IV K abzulösen, zwei B'B'-Diesel-Baumusterlokomotiven mit den DR-Betriebsnummern V 36 4801 und V 36 4802.

Die Triebgestelle hatten Außenrahmen. Zwischen den Radsätzen der Triebgestelle lagerte die Blindwelle. Neben der kombinierten Einkammer-Druckluftbremse mit Zusatzbremse gab es Einrichtungen für die Heberleinbremse. Die Druckluftbremse arbeitete saugluftgesteuert. Ein 2,5-kW-Gleichstrommotor erzeugte die Druckluft und die von einem 1,9-kW-Gleichstrommotor angetriebene Hardy-Luftpumpe das Bremsvakuum. Für die Stromversorgung hatte jeder der beiden 132-kW-Motoren eine 24-V-Lichtmaschine mit einer Leistung von 700 W. Zur Ausrüstung gehörten auch ein elektrisches Signal-

▲ Die Stirnseite der 99 1561 zeigt das Dreispitzensignal, die einfache Kupplung für den Kuppelbaum bei Rollfahrzeugen oder das Kuppeleisen bei Personenwagen, zwei Schläuche der Saugluftbremse und noch den Schneeräumer (Oschatz Körnerplatz am 24. März 1995)
Foto: R. Preuß

horn und eine Druckluft-Läutewerk, ein Heizkessel mit 2 kp/cm² Überdruck und einer Dampfleistung von 300 kg/h sowie eine wegeabhängige Sicherheitsfahrschaltung. Die Länge über Kupplung betrug 12.100 mm, der Radstand im Drehgestell 2000 mm und die Dienstmasse (41,2 t) mit 1200 l Wasser für den Heizkessel sowie 1140 l Treibstoff.

Von der Versuchs- und Entwicklungsstelle für die Maschinenwirtschaft der Deutschen Reichsbahn in Halle sind beide Fahrzeuge auf den Strecken um Meißen sowie zwischen Freital und Kipsdorf erprobt worden. Die Hauptmängel waren: eine für die Brücken zu hohe Höchstlast von durchschnittlich 9,2 t und derart verbaute Anlagen, dass eine Unterhaltung mit vertretbarem Aufwand nicht möglich gewesen wäre.

Nach Abschluss der Versuche sind beide Lokomotiven am 25. Mai 1962 von Meißen Jaspisstraße zum Bw Zittau umgesetzt worden, wo sie umgebaut werden sollten. Dazu kam es nicht. Statt dessen wurden beiden Lokomotiven zerlegt und die Einzelteile der V 36 4801 nach Wilsdruff geschickt.

Als der Betrieb auf der Strecke Thum–Wilischthal eingestellt worden war, kam die Diesellokomotive 199 007 vom VEB Feinspinnerei Venusberg zum Bahnhof Wilischthal, wo sie dem Rangierdienst und der Zuführung der Rollfahrzeuge zur Anschlussbahn des VEB Papierfabrik

▲ Hauptsächlich für die Strecke Mügeln b. P. (1920 in Heidenau umbenannt)–Geising-Altenberg wurden die Lokomotiven der Gattung V K beschafft. Die mit der Betriebsnummer 201 war die erste.
Foto: Slg. Kieper

▲ Bei dieser Maschine fällt im Vergleich mit der Nr. 201 das Dampf-Sicherheitsventil Ramsbottom auf dem Langkessel zwischen Dom und Führerhaus auf.
Foto: Reinstein

▲ Zwei Lokomotiven der Gattung V K vor einem Bauzug an der Hartmannmühle (Heidenau–Altenberg) im 1936. Bei der vorderen Maschine ist die Betriebsnummer 99 614 zu erkennen.
Foto: Slg. Krause

Wilischthal diente. Dabei erhielt die ehemalige Werklokomotive die DR-Betriebsnummer 199 007. Sie befindet sich nach einer kurzen Aushilfe in einer Papierfabrik bei Schönfeld-Wiesa nun bei der Preßnitztalbahn. Die Diesellokomotive gehört zu jenen Industriemaschinen des Typs Ns 4, die seit 1953 mit 66 kW Leistung gebaut wurden. Diese 15 t schweren Schmalspurlokomotiven erhielten mit Rücksicht auf eine niedrige Achslast drei Achsen, aber sonst weitgehend gleiche Bauteile wie die vergleichbaren normalspurigen Industrielokomotiven. Allerdings konnte die Blindwelle nicht wie bei den normalspurigen Lokomotiven zwischen den Achsen, sondern nur unter dem Führerhaus angeordnet werden, weil aus Platzgründen das Getriebe um 180° gedreht werden musste. Es lässt vier Gänge zu, hat zwei außen liegende Fahrkupplungen und zwei innerhalb des Gehäuses liegende Haltekupplungen. Die Lok kann mit ihrem Gesamtachsstand von 1800 mm 20-m-Bogen durchfahren und in der Ebene 360-t-Züge mit 4,2 km/h bewegen.

Es gab noch andere Gründe, Einzelgänger nach Sachsen zu bringen. 1996 galt die Dampftraktion als veraltet und zu kostspielig. Da wurden Dieselfahrzeuge eingesetzt, die rasch die Entscheidungsträger und die Reisenden überzeugen sollten, wie notwendig die schnelle Einführung der Dieseltraktion auf sächsischen Schmalspurstrecken sei, nur war manches Fahrzeug ungeeignet. Der von der Öchslebahn 1992 nach Mügeln verliehene Triebwagen VT 2 bewegte sich allerdings wegen technischer Gebrechen nicht. Am 24. März 1995 führte das Werk Wittenberge der Deutschen Bahn in Mügeln einen Triebwagen als Modell vor. Es kam aber zu keiner Bestellung.

Die Eisenbahn-Betriebs-Gesellschaft Borchen schickte im Dezember 1995 die V 750.01 nach Bertsdorf. Da es sich um eine von der MaLoWa in Mansfeld von 600 mm auf 750 mm umgespurte Lokomotive der Polnischen Staatsbahnen (Gattung Lyd 2) handelte, bei der weder Lichtmaschine noch die Kupplungen zu den Wagen passten, konnte sie ihre Eignung nicht nachweisen.

Die genannte Betriebsgesellschaft wollte auch in Zittau elektrische Triebwagen der Waldenburger Bahn, BDe 4/4 1–3, einsetzen, die allerdings vorher im Mittenwalder Gerätebau zu Dieselfahrzeugen umgebaut werden sollten. Der Landkreis Löbau-Zittau, seit 1996 Eigentümer der Strecken Zittau–Kurort Oybin/Kurort Jonsdorf, hatte mit der Döllnitzbahn 1997 Triebwagen europaweit ausgeschrieben. Drei wollte die Sächsisch-Oberlausitzer Eisenbahn-Gesellschaft, zwei die Döllnitzbahn übernehmen. Bombardier in Bautzen konstruierte auf dem Papier einen Triebwagentyp für die Sächsisch-Oberlausitzer Eisenbahngesellschaft und die anderen Schmalspurbahnen. Zu einem Auftrag kam es aber nicht. Beobachter der sächsischen Schmalspurbahnen bezweifeln jedoch, ob sich Triebwagen für das ungleiche Aufkommen im Personenverkehr überhaupt eignen, zumal bisher nur von einer kleinen Stückzahl bei einer eventuellen Auftragsvergabe die Rede war.

Bei der Döllnitzbahn ging 1995 die Cdh-Diesellokomotive Lyd 2-71 aus Polen ein, die 1981 in Bukarest gebaut worden ist. Sie wurde bei der MaLoWa in Mansfeld von 600 auf 750 mm umgespurt und ist seit Januar 1996 als Nummer 33 der Döllnitzbahn eingesetzt. Die von den Österreichischen Bundesbahnen stammende 2091.010 (1'Bo1'-de) ist die dritte Anschaffung der Döllnitzbahn, denn die zweite Beschaffung ist die Lokomotive 31, die von der MaLoWa kam. Auch bei anderen Strecken stehen Diesellokomotiven im Dienst für Rangierarbeiten, für Bauzüge und gelegentlich für kurze Personenzüge.

Noch fahren im regelmäßigen Zugverkehr die für Sachsen gebauten Dampflokomotiven. Auch die Döllnitzbahn besitzt einen Museumszug mit einer IV K. Da gemeinsame Bestellungen für neue Fahrzeuge bisher ausblieben, die Strecken jedoch ergänzend Dieseltriebfahrzeuge brauchen, zeigt der Betrieb auf den sächsischen Schmalspurstrecken immer mehr Einzelstücke (siehe Tabelle S. 66). Interessant sind die zwei in Mügeln stationierten Fahrzeuge 199 030 und 199 031, die als Gepäck-Triebwagen Ende der 30er-Jahre von der Deutschen Reichsbahn für die Schmalspurbahnen in Österreich beschafft wurden. Heute gilt bei der Döllnitzbahn die 199 030 als Diesellokomotive, die 199 031 als Triebwagen, da es auf diesem Fahrzeug noch ein Gepäckabteil gibt. Beide Fahrzeuge zeigten sich zunächst mit einem ungewöhnlichen Farbanstrich, der die Akzeptanz der von ihnen gezogenen Züge im Schülerverkehr erhöhen sollte. Inzwischen erhielten die Lokomotiven die Farbkombination Rot/Weiß.

Zu den beiden Meterspurstrecken im sächsischen Netz: Für die Reichenbacher Strecke hatte man trotz der negativen Ergebnisse mit den englischen Fairlie-Lokomotiven noch einmal drei Maschinen dieser Bauart beschafft, dieses Mal allerdings von der Maschinenfabrik in Chemnitz. Die Lokomotiven sollten sich vor allem für enge Kurven eignen, da auf der zunächst für den reinen Güterverkehr geplanten Strecke Bogenhalbmesser von 15 m zu durchfahren waren. Die Lokomotiven besaßen zwei Langkessel mit einem gemeinsamen Stehkessel, jedoch getrennten Feuerbüchsen, die seitlich beschickt wurden. Da das Stre-

▲ Ursprünglich für die Heeresfeldbahn vorgesehen, dann den sächsischen Staatseisenbahnen angeboten – die Heißdampflokomotiven der Gattung VI K, die spätere Baureihe 99^{64-71}. Das Bild zeigt die 99 699 mit dem Seil der Heberleinbremse in Heidenau.
Foto: Rbd Dresden

▲ Die »rekonstruierte« 99 1694 stand am 11. September 1971 mit einem Zug nach Nossen im Bahnhof Wilsdruff. *Foto: R. Preuß*

▲ 1969 nahm die 99 1684 in Frauenstein Wasser. Deutlich ist der geschweißte Wasserkasten zu erkennen. Foto: E. Preuß

▲ An der Scharfenbergkupplung der Lokomotive 99 1706 hängt der Kuppelbaum zum Rollwagen – Ausfahrt am 11. September 1971 aus Wilsdruff in Richtung Freital-Potschappel. Foto: R. Preuß

ckengleis im Stadtgebiet von Reichenbach auf dem Straßenplanum verlegt war, hatte man die Triebfahrzeuge wie Straßenbahnlokomotiven gebaut: Die Drehgestelle mit ihren Antrieben waren verkleidet und mit Wartungsklappen versehen. Der Kessel konnte rundum begangen werden, und das Dach erstreckte sich über die gesamte Fahrzeuglänge. Während der Heizer seinen Platz stets in der Fahrzeugmitte hatte, war der des Lokomotivführers ursprünglich auf den beiden Endführerständen. Hier konnte er Regler, Bremse, Läutewerk und Dampfpfeife bedienen. Irgendwann ist das Dach auf die Länge des Führerhauses verkürzt worden, das sich nun in der Mitte befand und beide Bedienstete aufnahm.

Die Lokomotiven der Gattung I M (»M« steht für Meterspur) erhielten die Betriebsnummern 251 bis 253 und wurden später in 99 161–163 umgezeichnet. Die 99 163 ist 1942 auf einem Seetransport nach Griechenland verloren gegangen, die 99 161 wurde 1963 ausgemustert und verschrottet, doch die 99 162 (ex 252) blieb erhalten und ist Eigentum des Verkehrsmuseums Dresden.

Für die andere Meterspurstrecke von Klingenthal nach Sachsenberg-Georgenthal beschafften die Sächsischen Staatseisenbahnen 1914 von der Sächsischen Maschinenfabrik zwei elektrische Lokomotiven der Bauart B'B'g2t für den Gütertransport. Sie erhielten bei der Deutschen Reichsbahn die Betriebsnummern E 191 01 und E 191 02 und trugen vorher die Gattungsbezeichnung I M E (M für Meterspur, E für elektrisch). Den elektrischen Teil der Lokomotiven lieferten die Siemens-Schuckert-Werke in Berlin. Die beiden Wendepolmotoren entwickelten eine Stundenleistung von je 73,55 kW. Es waren Tatzlagermotoren, die je Drehgestell eine Achse über ein Vorgelege

trieben und der Lokomotive eine Spitzengeschwindigkeit von 20 km/h gaben. Die andere Achse jedes Drehgestells wurde über Kuppelstangen angetrieben. Die Fahrdrahtspannung betrug 650 Volt, die höchste Stromstärke 300 Ampere. Die Lokomotiven waren mit Westinghouse- und Zusatzbremse ausgerüstet. Luftpumpe und Vorratsbehälter für Sand befanden sich im Führerstand, und außerdem besaßen sie die in Sachsen übliche Trichterkupplung.

Ein Jahr später, 1915, stellen die K.Sächs.Sts.E. für diese Strecke zwei Triebwagen in Dienst. Sie erhielten die Betriebsnummern I M ET 1 und I M ET 2, waren in der Sächsischen Maschinenfabrik Chemnitz gebaut worden, hatten eine Leermasse von 11 t, Trichterkupplungen und Westinghousebremse. Die beiden Fahrmotoren hatten je 24 kW Dauerleistung, waren in neun Fahrstufen zu schalten und schafften eine Höchstgeschwindigkeit von 30 km/h. Später gab man diesen beiden Triebwagen – zu denen auch Beiwagen gehörten – die Betriebsnummern ET 197 01 und ET 197 02.

1938 wurden von der Stadt Mödling in Österreich Straßenbahnfahrzeuge nach Klingenthal gebracht und von der Reichsbahndirektion Dresden als ET 198 01 und 198 02 eingeordnet. Als Ersatz für diese Fahrzeuge lieferte 1956 und 1958 der VEB Waggonbau Gotha Straßenbahntriebwagen mit Beiwagen, die die Betriebsnummern ET 198 03 und ET 198 06 erhielten. Bei Stilllegung der Strecke musterte man alle alten Fahrzeuge aus. Die Verkehrsbetriebe Plauen (Vogtl) erhielten die neuen Wagen aus Gotha für die Straßenbahn. Der ET 198 02 allerdings kehrte als Denkmal in seine österreichische Heimat nach Mödling zurück.

▲ Am 11. September 1971 rangierte die 99 1706 im Bahnhof Wilsdruff. Gut ist auf diesem Bild das Triebwerk der Maschine zu sehen.
Foto: R. Preuß

▲ Als noch eine Schmalspurbahn Freital mit Nossen verband: Am 17. Juli 1971 rangierte in Nossen die 99 1648. *Foto: R. Preuß*

▲ In Siebenlehn hielt am 17. Juli 1991 die 99 1706 mit ihrem Zug nach Freital-Potschappel. *Foto: R. Preuß*

▲ Durch das Lößnitztal bei Friedewald Bad fährt am 1. Mai 1998 die 99 1713 mit dem Traditionszug. Foto: R. Preuß

▲ Der Triebwagen VT 137 322 am Haltepunkt Weißes Roß in Radebeul (2008). Foto: R. Preuß

▲ Solche Güterzüge machten den starken Maschinen keine ernsthaften Probleme – am 9. Oktober 1973 rangierte die 99 1746 in Zittau Süd. Foto: R. Preuß

▲ Als Museumslokomotive wurde die 99 1713 weitgehend in den ursprünglichen Zustand zurückversetzt. Am 1. Mai 1998 steht sie vor dem Lokomotivschuppen in Radeburg. Foto: R. Preuß

▲ Die Diesel-Lokomotiven V 36 4801 und V 36 4802 waren Baumusterlokomotiven und sollten die Dampfloks der Baureihe 99^{51-60} (ex Gattung IV K) ersetzen. Die Aufnahme entstand 1964 in Zittau. Foto: R. Preuß

▲ Die Baureihe 99$^{73-76}$ gehörte zu den besten Schmalspur-Lokomotiven, die die Deutsche Reichsbahn zwischen 1928 und 1933 beschaffte. Die 099 729 (ex 99 750) der DB AG legte 1996 im Bahnhof Zittau Süd einen kurzen Unterwegsaufenthalt ein. *Foto: R. Preuß*

▲ Eine Maschine der Baureihe 99$^{73-76}$; die 99 1760, war am 13. Oktober 1973 auf dem Weg zum Bahnhof Kurort Oybin. *Foto: R. Preuß*

▲ Die vordere Ansicht der 099 741 (ex 99 777) in Dippoldiswalde 1997 verdeutlicht, welche Betriebseinrichtungen für eine Zugfahrt notwendig sind: Dreispitzensignal, Luftpumpe für die Bremsen, links die Schlauchkupplung der Druckluftbremse, auf die die Wagen umgerüstet wurden. Die gelben Kupplungsteile gehören zur elektrischen Zugbeleuchtung, denn der Turbodynamo befindet sich auf der Lokomotive und erzeugt den Strom für den gesamten Zug. Lose hängt rechts der Schlauch für die Kupplung der Dampfheizung. Schließlich liegt über dem Schneeräumer das Kupplungsteil der halbautomatischen Scharfenbergkupplung. *Foto: R. Preuß*

▲ Von Zittau Vorstadt hinauf in das Zittauer Gebirge bringt die Lokomotive 099 733 (DR 99 760) am 1. Dezember 1996 den kurzen Zug. *Foto: E. Preuß*

▲ Zu den Hochburgen der Baureihe 99$^{77-79}$ gehörten die Strecken des Thumer Netzes. Am 28. Juli 1972 war eine der so genannten Neubau-VII K mit einem Güterzug bei Hormersdorf unterwegs. *Foto: R. Preuß*

▲ Kurzer Plausch im Bahnhof Rabenau (4. Juli 1994): Die 099 727 war als 99 747 lange Zeit im Bahnbetriebswerk Zittau beheimatet.
Foto: R. Preuß

▲ Die Sächsisch-Oberlausitzer Eisenbahngesellschaft lässt ihre Dampflokomotiven wieder mit den DR-Betriebsnummer fahren. Die 99 749 am Ortseingang von Oybin (2001).
Foto: R. Preuß

▲ Weil es eine Lokomotive mit der kyrillischen Bezeichnung »Gr« im Versuchsbetrieb 1947 auf der Strecke Hainsberg–Kurort Kipsdorf gab, holten Eisenbahnfreunde eine gleichartige aus Estland zurück, richteten sie wie die einstige Lokomotive her und setzten sie zur Eröffnung der Preßnitztalbahn im Sommer 2000 zwischen Schmalzgrube und Jöhstadt ein.
Foto: Treichel

▲ Die Baureihe 99$^{77-79}$ machte die Strecke Cranzahl–Kurort Oberwiesenthal zu einer ihrer Stammstrecken und ist noch heute dort zu finden. Die 99 1791 steht im Bahnhof Kurort Oberwiesenthal vor einem Personenzug nach Cranzahl (1974).
Foto: R. Preuß

▲ Ganze zwei dieser Vierkuppler hatte die Firma Orenstein & Koppel bis 1924 ausgeliefert. Die 99 4532 blieb bis heute erhalten. Am 20. Juli 1972 rangierte sie in Zittau.
Foto: R. Preuß

▲ Die Preßnitztalbahn hat auch Diesellokomotiven in ihrem Bestand. Anlässlich von Sonderzugfahrten stellte sie die Lokomotive 199 007 in Schmalzgrube aus (1997).
Foto: R. Preuß

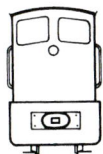 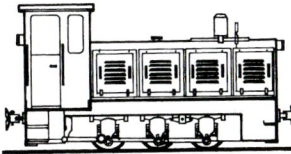 

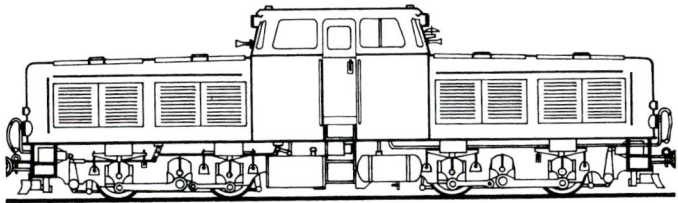 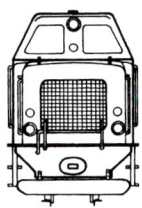

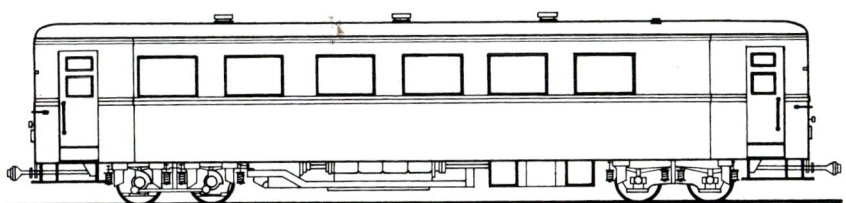 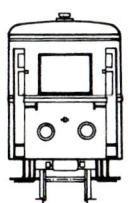

▲ Dieseltriebfahrzeuge – Lokomotiven wie Triebwagen – sind auf den sächsischen Schmalspurbahnen – sieht man von den Lokomotiven der Döllnitzbahn ab – bisher nicht heimisch geworden. Neben den vierachsigen Triebwagen 137 323 und 137 325 (unten) sowie 137 322 und 324 gab es als Lokomotiven die dreiachsige Ns4 (oben) und zwei vierachsige V3648, alle für 750 mm Spurweite. Für die Meterspurstrecken sind keine Dieseltriebfahrzeuge entwickelt worden.

Abbildung: transpress

▲ Der VT 137 322 als Gattung B4pVT mit rot-elfenbeinfarbigen Anstrich im Jahr 1963 auf dem Bahnhof Zittau. Foto: R. Preuß

▲ Von den vier für Zittau gebauten Triebwagen blieb der VT 137 322 erhalten. Er war 1970 im Bahnhof Bertsdorf zu sehen. Foto: R. Preuß

▲ Das ausgebranntes Endteil des dreiteiligen lettischen Triebwagens vor dem Wiederaufbau: Das Triebwerksteil war vorher für die 2. und 3. Klasse eingerichtet. Das Wendeschild für Raucher und Nichtraucher trägt die Schrift »SMEKETRÄLEM«.
Foto: Rbd Dresden

▲ Der neu aufgebaute und nun als VT 137 600 bezeichnete Triebwagen, nur noch für die 3. Wagenklasse, bei seiner Einweihungsfahrt am 29. August 1951 auf dem Bahnhof Mohorn.
Foto: Rbd Dresden

▲ Die SOEG bezeichnet ihre in Bukarest gebaute Diesellokomotive mit einer neuen Betriebsnummer. Die Maschine kann auch im Zugdienst verwendet werden (Zittau Vorstadt 2006).
Foto: R. Preuß

▲ Das DB-Werk Wittenberge präsentierte für einen neuen Schmalspur-Triebwagen am 24. März 1995 in Mügeln (b Oschatz) ein Modell.
Foto: R. Preuß

▲ Jahre zuvor fuhr der Triebwagen in Weinrot – hier auf dem Bahnhof Bertsdorf. Da hieß die Gattungsbezeichnung noch C4VT.
Foto: Slg. R. Preuß

▲ Die Lokomotive Nr. 251 der sächsischen Gattung I M (spätere 99 161) für die meterspurige Bahn von Reichenbach (Vogtl) unt Bahnhof nach Oberheinsdorf im Auslieferungszustand. Die Maschine ist vollkommen überdacht, für den Lokomotivführer sind Endführerstände eingerichtet.
Foto: Slg. R. Preuß

▲ Im Sommer 1970 erhielten bei der DR die Triebfahrzeuge neue, EDV-gerechte Betriebsnummern. Schmalspurige, kohlegefeuerte Dampflokomotiven für 750 mm Spurweite mussten nach der Reihen-Nummer 99 als erste Ziffer eine 1 oder 4 in der vierstelligen Ordnungsnummer tragen. Nach dem Bindestrich stand die Selbstkontrollziffer. Da bei den sächsischen Dampflokomotiven der Ordnungsnummer in der Regel eine 1 vorangestellt wurde, konnte die ursprüngliche Nummer ohne Schwierigkeiten herausgelesen werden. Aus der 99 706 wurde die 99 1706. Dieses Entgegenkommen versagten die Nummerierer mit der Umzeichnung im Jahr 1992 (Wildruff, 11. September 1971).

Foto: R. Preuß

▲ Lokomotiven, deren Ausmusterung bald bevorstand, erhielten 1970 mit der EDV-Betriebsnummer am Führerhaus und an der Tenderrückwand keine Schilder. Die mit Schablone aufgemalte Betriebsnummer musste genügen (Klingenberg-Colmnitz 1971). Für sämtliche Lokomotiven nach 1975 ließ die DR in der Aufarbeitungswerkstatt Pockau-Lengefeld einheitliche Nietschilder herstellen, die an den vier Seiten der Lokomotive angebracht wurden.

Foto: E. Preuß

▲ Mit dem Umzeichnungsplan von 1992, der im Vorgriff auf den Zusammenschluss von Deutscher Bundesbahn und Deutscher Reichsbahn zur Deutschen Bahn AG aufgestellt wurde, blieb es bei 6 Ziffern plus Selbstkontrollziffer. Nur waren ab 1991 die Reihen- und Ordnungsnummern jeweils dreistellig. Aus der Ordnungsnummer lässt sich wegen der willkürlichen Nummerierung nur mit Tabellen die alte Nummer ermitteln. Hinter der 099 741 verbarg sich die 99 777 (Dippoldiswalde 1997).

Foto: R. Preuß

▲ Die 99 162, zurückversetzt in den Originalzustand als Nr. 252 der K.Sächs.Sts.E. auf einer Ausstellung im Bahnhof Wernigerode Westerntor (1974). *Foto: R. Preuß*

▲ Aus breiten Messing-Ziffern wurde die Betriebsnummer der DRG bis 1936 gefertigt. Die Lokomotive trägt Laternen, die im Zweiten Weltkrieg zum Schutz vor nächtlichen Bombenangriffen eine Blende tragen mussten *Foto: E. Preuß*

▲ Die 99 162 trug unmittelbar nach dem Zweiten Weltkrieg, als Teile Sachsens vorübergehend von der US-Armee besetzt waren und es eine RBD Zwickau gab die Aufschrift »ALLIED FORCES«. *Foto: Rbd Dresden*

▲ Solche Szenen gehören heute zu einer Inbetriebnahme. Der VT 137 322 »durchbricht die Wand« und steht als einsatzbereites Fahrzeug bereit (Bertsdorf 2007). *Foto: Reiner Preuß*

▲ Das waren Anschriften am Triebwagen in Zittau: Die Betriebsnummer 137 322 erhielt den Zusatz »Cs«, da der Triebwagen zum Aufnahmezeitpunkt 1970 zur Rbd Cottbus gehörte. Die Gattung B4pVT heißt: 2. Klasse, vierachsig, mit Hartpolsterung, Verbrennungstriebwagen. *Foto: R. Preuß*

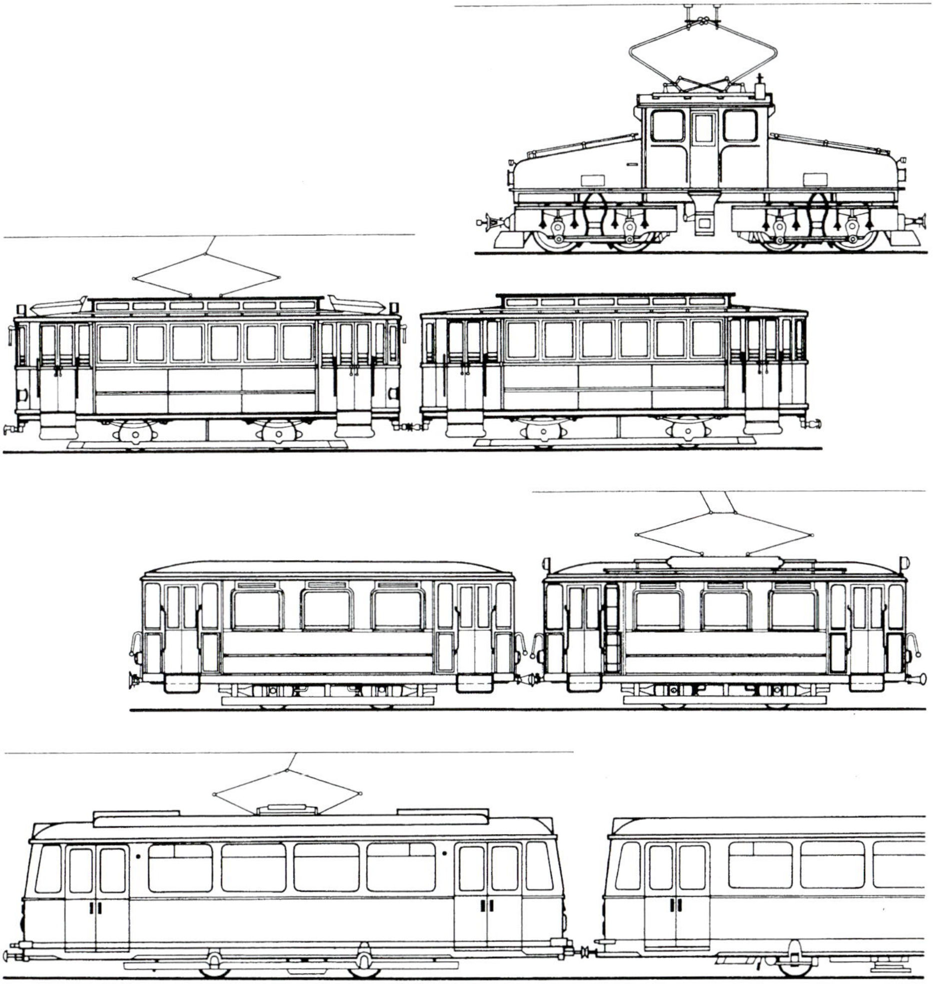

▲ Die sächsischen Meterspurstrecken waren Stichbahnen und hatten deshalb nur örtliche Bedeutung. Das zeigt sich auch bei den Triebfahrzeugen, die Einzelstücke blieben. Das gilt auch für die elektrischen Lokomotiven. *Abbildung: transpress*

▲ Links im Hintergrund die E 191 01, im Vordergrund die E 191 02 in Klingenthal zu sehen (4. September 1960). *Foto: Meyer*

▲ In Klingenthal stand am 2. April 1964 der Triebwagen ET 198 06, den der Waggonbau Gotha geliefert hatte. *Foto: Meyer*

6. DIE WAGEN

▲ Schmalspurwagen am Bahnsteig von Hainsberg (um 1925): Interessant sind die Emailleschilder für die Bezeichnung der 3. und 4. Klasse. Der 4.-Klasse-Wagen trägt ein besonderes »Raucher«-Schild, während am Wagen 667K für die 3. Klasse schon das Wendeschild für Nichtraucher/Raucher angebracht ist. Der Zugführer mit rotem Schulterband trägt das vereinfachte Schlusssignal – eine rote, weiß geränderte Scheibe. Im Bild oberhalb der Wagen stehen die Reisenden auf dem Bahnsteig der Strecke Dresden–Werdau Foto: Slg. R. Preuß

▲ Drehgestell der Bauart Diamond: Hier ist sehr gut die Heberlein-Bremseinrichtung zu sehen. Foto: Slg. R. Preuß

▲ Das Diamond-Drehgestell, wie es die sächsischen Staatseisenbahnen bei Drehgestellwagen neben der Regelbauart verwendeten. Foto: Uhlemann

Mit dem Bau der ersten 6,7 km langen Schmalspurbahn von Wilkau nach Kirchberg stellte sich die Maschinen-Hauptverwaltung der Sächsischen Staatseisenbahnen die Aufgabe, die Fahrzeuge nach einem allgemeinen, aber verbindlichen Programm zu konstruieren und die Wagen in eigenen Werkstätten zu bauen. Einige Erfahrungen hinsichtlich der Fahrzeugabmessungen lagen bereits von anderen Schmalspurbahnen vor, zum Beispiel von der Brölthaler Eisenbahn.

Das Programm der Sächsischen Staatseisenbahnen enthielt folgende Grundsätze:

1. Die Betriebsmittel dienen nur dem lokalen Verkehr.
2. Die Spurweite ist mit 0,750 m festgelegt.
3. Als Fahrgeschwindigkeit ist 15 km/h anzunehmen.
4. Der Raddruck der belasteten Wagen soll nicht größer als 2600 kg sein.
5. Die Wagen müssen für einen Bogenhalbmesser von 50 m geeignet sein.
6. Zur Senkung des Eigengewichts sollen nur vierrädrige (zweiachsige) Wagen gebaut werden, um »die Bewegung auf den Stationen und Haltestellen zu erleichtern und die Anstellung mehrerer Arbeiter zu vermeiden, wie sie sonst behufs der Bewegung einzelner Wagen notwendig würde.«
7. Bedeckte und offene Güterwagen sollen eine Ladefähigkeit von 5000 kg erreichen.
8. Die Wagen sind mit dem Einpuffersystem auszustatten.
9. Zur Vermeidung des Umladens bei Steinkohlentransport sollen die offenen Güterwagen der Schmalspurbahn auf normalspurige Wagen der Hauptstrecken transportiert werden können.
10. Bei den Personenwagen soll während der Fahrt der Übertritt von Wagen zu Wagen möglich sein.
11. Die Heberleinbremse ist anzuwenden, sodass sämtliche Bremsen im Zuge vom Lokomotivführer bedient werden können.
12. Es gilt das Normalprofil des lichten Raumes, das den Beschlüssen der Konstanzer Techniker-Versammlung des Vereins Deutscher Eisenbahn-Verwaltungen von 1876 für Bahnen mit 0,75 m Spurweite entspricht.

Diese Grundsätze, die keineswegs mit den Normalien identisch sind, wurden für die Wagen der ersten Strecke Wilkau-Haßlau–Kirchberg (Sachs.) aufgestellt und galten dementsprechend auch für die Fahrzeuge der weiter hinzukommenden Schmalspurstrecken. Das Programm orientierte sich an den Kosten. So wurde zum Beispiel die Heberleinbremse nicht zuerst wegen der größeren Betriebssicherheit, sondern vordergründig zur Einsparung von Bremsern vorgesehen!

In der Tat ließen die Staatseisenbahnen die ersten schmalspurigen Güter- und Personenwagen ausschließlich in ihren eigenen Werkstätten in Chemnitz bauen. Bis 1897 waren des 256 Personenwagen sowie 371 gedeckte und 1197 offene Güterwagen. Später bezog man die Wagen von der Waggonfabrik in Görlitz, von Linke-Hofmann-Busch in Bautzen, von der Sächsischen Waggonfabrik in Werdau und von der Zwickauer Waggonfabrik (vorm. Schumann). Bis 1966 wurden die Fahrzeuge in den Hauptwerkstätten der Sächsischen Staatseisenbahnen in Chemnitz, dem späteren Reichsbahnausbesserungs-

▲ Zweiachsiger Gepäckwagen der K. Sächs. St. E. B., ausgestellt im Eisenbahnmuseum Schmalspurbahnhof Oberrittersgrün (1995).
Foto: R. Preuß

▲ Der für die Zittau-Oybin-Jonsdorfer Eisenbahn um die Jahrhundertwende gebaute vierachsige Personenwagen ohne Oberlichtfenster wurde für Sonderfahrten wieder hergerichtet (Zittau 1996).
Foto: R. Preuß

werk »Wilhelm Pieck« und nachmaligem Werk der Deutschen Bahn AG, betreut. Dieses Werk rekonstruierte auch die Personen- und Gepäckwagen, wozu der Umbau des Brems-, Heizungs- und Beleuchtungssystems, die Verkleidung der Wagen mit Blechen und die Verbesserung der Innenausstattung gehörten. Seit 1. Januar 1967 übernahm dies die zum Reichsbahnausbesserungswerk Wittenberge gehörende Werkabteilung Perleberg.

Das rasch wachsende Güteraufkommen und der ebenso schnell steigende Personenverkehr – besonders auf den Ausflugstrecken – zwangen die Sächsischen Staatseisenbahnen sehr bald zur Abkehr von einigen Punkten des Grundsatzprogramms. Es wurden Fahrzeuge mit höherer Tragfähigkeit und größerem Platzangebot benötigt. Das führte zu einer Korrektur des Regellichtraumprofils und zum baldigen Einsatz vierachsiger Reisezug- und Güterwagen. Auch Punkt 9 erwies sich als nicht real. Statt des Transports beladener schmalspuriger Güterwagen auf Normalspurfahrzeugen beschritt man den umgekehrten Weg: Zunehmend transportierte die Schmalspurbahn Normalspurgüterwagen auf Rollböcken, später auf Rollwagen. Dass auch das Heberleinbremssystem, das sich über viele Jahre und zum Teil bis in die nahe Vergangenheit hinein bewährt hatte, einem moderneren Bremssystem weichen musste, liegt im allgemeinen technischen Fortschritt begründet.

Die Einheitlichkeit des Wagenparks für alle Strecken der Spurweite von 750 mm blieb immer typisch für Sachsen. Die wenigen Bauarten mit der relativ hohen Anzahl gleicher Fahrzeuge wirkten sich vorteilhaft für den Werkstättendienst aus.

Der Wagenpark reichte stets aus, wenn man von dem in den ersten Betriebsjahren ersatzweisen Einsatz von Güterwagen zur Personenbeförderung einmal absieht. Die Wagen waren – anders als bei mancher Privatbahn – immer in gutem Zustand. Nach 1950, als mehrere schmalspurige Privatbahnen von der Deutschen Reichsbahn übernommen wurden, sind sächsische Schmalspurwagen bei anderen Bahnen eingesetzt und sogar für den Einsatz auf Meterspurstrecken umgebaut worden.

Wurden bei den zweiachsigen Wagen wie bei den Normalspurwagen die typisch sächsischen Lenkachsen verwendet, die eine geringe Abnutzung von Rad und Schiene und einen guten Bogenlauf gewährleisteten, so rüstete man die vierachsigen Drehgestellwagen mit zwei Drehgestellbauarten, der Bauart Diamond und der Regelbauart, aus. Beide Drehgestelle haben einen Achsstand von 1300 mm. Die ältere Ausführung, noch bei einigen Gepäckwagen zu finden, ist die Bauart Diamond. Die Gepäckwagen der Einheitsbauart, die von 1930 an gebauten GG-Wagen und alle immer noch eingesetzten Personenwagen besitzen die Regelbauart. Beide Drehgestellbauarten waren stets zweiachsig und nur einfach gefedert, was wegen der niedrigen Fahrgeschwindigkeit eine vertretbare Laufgüte gewährleistete.

Die Drehgestelle der Bauart Diamond waren verhältnismäßig leicht gebaut. Die beiden Rahmenwangen bestanden aus dicken Flacheisen, dem Ober- und dem Untergurt, zwischen denen die beiden Achslager ruhten. Innerhalb der beiden Achslager sorgten Diagonalstreben für die Steifigkeit. Der Obergurt war über die Achslager hinaus verlängert, um Bauteile der Bremseinrichtung aufzunehmen. In der Mitte waren beide Rahmenwagen durch einen hohlen Querträger miteinander verbunden, in dem sich der Wiegebalken befand. Dieser Wiegebalken trug mittig die Drehpfanne zur Führung und seitlich die Gleitstücke zur Abstützung des Wagenkastens. Der Wiegebalken seinerseits stützte sich an den äußeren Enden über Tragfedern auf dem Querträger ab. Die Tragfedern bestanden auf jeder Drehgestellseite aus zwei querliegenden Doppelelliptikfedern, an ihren Enden mithilfe von Bolzen verbunden. Vereinzelt waren statt der Doppelelliptikfedern auch Schraubenfedern eingebaut.

Den Drehgestellrahmen der Regelbauart bilden seitliche glatte Rahmenbleche und mehrere Winkeleisen, die durch Nieten miteinander verbunden sind. Auf die gleiche Art sind auch Teile der Bremseinrichtung am Drehgestellrahmen befestigt. Die Drehpfanne und die seitlichen Gleitstücke zur Führung und Aufnahme des Wagenkastens sind fest auf der oberen Rahmenquerverbindung angeordnet. Der Drehgestellrahmen stützt sich auf die Achslager über eine Tragfeder. Diese Drehgestellbauart ist zwar etwas schwerer, aber dafür in ihrem Aufbau wesentlich einfacher und übersichtlicher.

Bereits die ersten Wagen besaßen bis auf wenige Ausnahmen Längsträger aus Stahl. Bei Reisezug- und Bahnpostwagen bestand der Wagenkasten völlig aus Holz, gedeckte Güterwagen und Gepäckwagen erhielten Eckrungen aus Stahl. Verschalt wurde mit Holz, wobei die Reisezug- sowie einige Bahnpost- und Gepäckwagen eine doppelte Verschalung erhielten.

Bei den Sächsischen Staatseisenbahnen wurden die Wagengattungen mit Buchstaben gekennzeichnet, ähnlich wie das später bei der Deutschen Reichsbahn und der Deutschen Bahn AG der Fall war. Doppelbuchstaben bezeichneten Wagen mit Drehgestell, zum Beispiel war der BCC ein Drehgestellwagen 2. und 3. Klasse. Den Güterwagengattungszeichen konnten Nebenzeichen als kleine Buchstaben zugefügt werden.

Die Deutsche Reichsbahn zeichnete 1920 die Lokomotiven und Wagen nicht sofort um, die Wagen der sächsischen Schmalspurbahnen erst 1927. Der Arbeitsplan für die Umzeichnung enthielt sogleich eine Übersicht über den Bestand an Personen- und Güterwagen auf den sächsischen Schmalspurstrecken. Es fällt auf, dass die Reichsbahndirektion Dresden – von Ausnahmen abgesehen – die Wagen entgegengesetzt zur Nummernfolge der Sächsischen Staatseisenbahnen nummerierte, das heißt Wagen mit vorher höchster Nummer erhielten nun die niedrigste. Sicherlich wollte man bei späteren Ausmusterungen die letzten Nummern im Inventarverzeichnis bequem streichen, da meist die älteren Wagen zuerst ausgesondert werden.

Der Wagennummer wurde in gleicher Höhe der Buchstabe K (fälschlich für Kleinbahn), der Bezeichnung von Rollfahrzeugen (hier wurden besondere Schilder befestigt) ein R vorangestellt (Rf4 = Rollwagen mit vier Achsen).

1927 gab es nicht nur neue Wagennummern, sondern auch neue Anschriften. Diese Art der Beschriftung blieb Jahrzehnte erhalten:

1. Personenwagen erhielten als Eigentumsmerkmal den Reichsadler mit der Umschrift »Deutsche Reichsbahn«, Güterwagen die Anschrift »Deutsche Reichsbahn Dresden«.

▲ Wagen 2./3. Klasse holzbeplankt auf der Strecke Herrnhut–Bernstadt in den 30er-Jahren. *Foto: Slg. R. Preuß*

▲ Personenwagen C 4 (DR: 970-243) des Baujahrs 1928 mit breiten Fenstern (Zittau Süd 1973). *Foto: R. Preuß*

2. Da die Personenwagen der 4. Klasse grundsätzlich für Reisende mit Traglasten vorzusehen waren, mussten die verbleibenden 4.-Klasse-Wagen ohne Traglastenraum neben dem Aufstieg die Anschrift »Aufstieg für Reisende ohne Traglast« führen.
3. Neben jedem Aufstieg wurden Wendeschilder mit der Aufschrift »Raucher/Nichtraucher« angebracht.
4. Weiterhin erhielten alle Wagen Anschriften zur Brems-, Heizungs- und Beleuchtungsanlage, zu Untersuchungsfristen, Achsständen und ähnlichem sowie zur Anzahl der Sitzplätze, getrennt nach 2. und 3. Klasse, bei 4. Klasse-Wagen auch der Stehplätze.
5. Die Plattformen der Personenwagen wurden mit Emailleschildern »Der Aufenthalt auf den Plattformen ist nur Erwachsenen gestattet« ausgerüstet.
6. Bei den Gepäckwagen kamen Angaben über die Ladefläche in Quadratmetern sowie das Ladegewicht und die Tragfähigkeit in Kilogramm hinzu.
7. Für die Innenräume der Personenwagen wurden unter anderem folgende Beschriftungen vorgesehen:
   - auf jedem Fensterrahmen »Nicht hinauslehnen«
   - an der Aborttür »Abort« sowie festschließende Wendeschilder »Raucher/ Nichtraucher«
   - an jeder Stirn- und Scheidewand sowie im Abort »Nicht in den Wagen spucken«
   - über jeder Tür die Anzahl der Sitzplätze (bei Wagen 4. Klasse auch die der Stehplätze) die Wagennummer, ein Schild zur Behandlung von Fundsachen.

Für die 2. Klasse verwendete man an Stelle der Aufschriften Emailleschilder.

Nach 1945 ist die nummernmäßige Bezeichnung der Wagen noch zweimal verändert worden. Bei der Bezeichnung von Buchstaben gab es bisher nur wenige Änderungen, lediglich die Gepäckwagen sind vom Kennbuchstaben Pw (für Packwagen) auf D (Dienstwagen) umgestellt worden.

Beim DR-Schema für die Nummern der Schmalspurwagen auf sächsischen Strecken galt: Jede Wagennummer beginnt mit 97, die auf Schmalspur (9) und die Spurweite von 750 mm (7) hinweist.

Personenwagen trugen die Stammnummer 970, Gepäckwagen die Nummer 974 und Rollfahrzeuge, Güterwagen sowie Bahndienstwagen die Stammnummer 97. Außer den Nummern führten alle Wagen Haupt- und Nebengattungszeichen.

Die ersten Personenwagen wiesen folgende gemeinsame Merkmale auf:
- überdachte Plattformen an jeder Stirnseite für die Ein- und Ausstiege nach beiden Gleisseiten
- Schiebetüren am Zugang von der Plattform zum Wageninnern
- Oberlichtaufbau mit seitlichen Klappen, die mattgeätzte Glasscheiben enthielten.

Diese Wagen hatte Sitze an beiden Längsseiten. Für die 2. Wagenkasse wurden Rosshaarkissen lose auf Rohrgeflecht aufgelegt; der mittlere Sitz ließ sich hochklappen, sodass sich der Fahrgast auch in Fahrtrichtung setzen konnte. Die 3. Klasse ließ sich daher leicht in die 2. Klasse umwandeln, indem Polsterkissen in die Abteile eingelegt und die Klassenbezeichnung an der Wagenaußenwand umgesteckt wurden.

Da bei Reisen auf den Sekundärbahnen nur mit kurzen Fahrzeiten zu rechnen war und Nachtfahrten nicht vorgesehen werden sollten, ließ die Bahnverwaltung für

▲ Traglastenwagen, Baujahr 1905, in den 60er-Jahren mit Blech verkleidet (Cranzahl 1995). *Foto: R. Preuß*

▲ Ein Personenwagen des Baujahrs 1928 mit breiten Fenstern, inzwischen mit veränderter Inneneinrichtung, stand 1992 im Bahnhof Freital-Hainsberg. *Foto: R. Preuß*

Schmalspurzüge Abweichungen vom »Betriebsreglement« zu. Von den üblichen vier Wagenklassen wurde zunächst nur die 2. und die 3. Klasse vorgesehen (Ausnahme: Mosel–Ortmannsdorf, wo es schon von 1892 an einen Wagen mit 58 Plätzen 4. Klasse gegeben hat). Auch hielt man besondere Frauen- und Nichtraucherabteile nicht für erforderlich.

Von 1913 an gab es offiziell die 4. Klasse bei den sächsischen Schmalspurbahnen. Dazu wurden Traglastenwagen herangezogen. 1919 hatten die sächsischen Schmalspurbahnen von den insgesamt zur Verfügung stehenden 22.339 Plätzen 11.744 Plätze in der 4. Wagenklasse und 1287 Plätze in der 2. Wagenklasse. Die 4. Wagenklasse ist vom 7. Oktober 1928 an abgeschafft worden. Die ehemaligen 4.-Klasse-Wagen gehörten danach zur 3. Klasse. Vom 3. Juni 1956 an galt auf Beschluss des UIC-Verbandes nur noch das Zweiklassensystem. Die vorher als 3. Klasse bezeichneten Wagen wurden jetzt Wagen der 2. Klasse. Auf einigen Strecken fuhren bis in die 60er-Jahre noch 1.-Klasse-Wagen, die früher der 2. Klasse angehört hatten. 1962 waren davon noch zwölf Fahrzeuge vorhanden. Sie wurden später in die 2. Klasse eingereiht.

Bereits bei der ersten Schmalspurstrecke waren Doppelwagen eingesetzt. Durch eine Kurzkupplung bildeten zwei zweiachsige Wagen eine Einheit, hatten an den Kanten und Wagenecken so viel Spielraum, da mit ihnen Bogen von 50 m Radius durchfahren werden konnten. Der Übergang durch Schiebetüren in den anderen Wagen wurde über eine gerippte Blechbrücke ermöglicht, die sich zum Kuppeln aufklappen ließ. Ein Wagen des Paares war für die 3. Klasse vorgesehen, der andere enthielt neben dem 3.-Klasse-Abteil sechs Plätze 2. Klasse. Insgesamt war ein Doppelwagen für 26 Sitzplätze 3. Klasse, sechs Sitzplätze 2. Klasse und sechs Stehplätze (auf der Plattform) eingerichtet. Es verkehrten auch Doppelwagen ohne 2.-Klasse-Abteil.

Dennoch hielt die Generaldirektion, wenn an einzelnen Tagen oder Wochenenden großer Zuspruch vom Publikum bestand, jahrelang den Einsatz von Güterwagen für die Personenbeförderung für richtig. So genannte Fakultativwagen – durch schnelles Umrüsten wahlweise für die Güter- oder Personenbeförderung hergerichtet – kannte man bei den sächsischen Schmalspurbahnen nicht. Zum Unwillen der Fahrgäste mussten gedeckte, meist aber offene Güterwagen genügen. Die niedrigen Bordwände erhielten Aufsätze, an Stelle der Klapptüren wurden Lattenvorsätze angebracht.

Im Jahr 1891 begann die Beschaffung vierachsiger Personenwagen; die ersten Exemplare gab es bereits seit 1883 versuchsweise. Bereits um die Jahrhundertwende wurden viele zweiachsige Reisezugwagen ausgemustert.

Seit den 70er-Jahren waren zweiachsige Wagen auf sächsischen Schmalspurstrecken nicht mehr im Einsatz. Weitsichtigen Freunden der Eisenbahn und verständnisvollen Eisenbahnern war es zu danken, dass vereinzelt noch vorhandene, zuletzt meist als Bahndienstwagen genutzte Fahrzeuge als ein Stück Verkehrsgeschichte der Nachwelt erhalten geblieben und größtenteils in den Originalzustand zurückversetzt worden sind. Sie sind als Museumswagen in den Freiluftausstellungen in Radebeul Ost und in Rittersgrün zu sehen, ein zweiachsiger Gepäckwagen steht auf dem früheren Bahnhofsgelände in Geyer.

▲ Noch 1997 im Betriebspark und mit DB-Marke – Wagen der Einheitsbauart in Dippoldiswalde. *Foto: R. Preuß*

▲ Zum Barwagen rüstete die SOEG einen Personenwagen um (Kurort Oybin 2000). *Foto: R. Preuß*

▲ Ein Wagen der Meterspurbahn Reichenbach (Vogtl) und Bahnhof–Oberheinsdorf im Zustand von 1955 – mit Trichterkupplung.
Foto: Reichenbach

▲ Innenansicht eines Traglastenwagens (1970). Foto: Uhlemann

▲ Innenansicht eines »modernisierten« Wagen 2. Klasse (vorher 3. Klasse), Zustand 1973. Foto: R. Preuß

Bei den von 1891 an gebauten vierachsigen Personenwagen wurde zunächst die grundsätzliche Bauweise der zweiachsigen Wagen mit offener, überdachter Plattform, Schiebetür an den Stirnseiten des Wagenkastens und Oberlichtaufbau beibehalten. Erst nach der Jahrhundertwende begann die langjährige Beschaffung einer neuen Generation von Personenwagen in zwei Typen. Diese sind bei gleichen konstruktiven Grundmerkmalen äußerlich an unterschiedlichen Fensterformen und Wagenkastenabmessungen erkennbar. Sie bilden immer noch – im mehrfach modernisierter Form – den Hauptbestand der Personenwagen. Gegenüber den älteren Wagen waren vor allem die Abmessungen vergrößert worden, und auf den traditionellen Oberlichtaufbau hatte man verzichtet. Die ersten Sitzwagen erschienen 1906, die letzten Exemplare stammen aus dem Jahr 1928. Sie ermöglichten trotz der geringen Spurweite von 750 mm und den dadurch bedingten Baubeschränkungen ein angenehmes Reisen. Breite Fenster, Sitzplatzaufteilung 2 + 1, körperfreundliche Gestaltung der Bänke, hohe Trennwände mit Schiebetüren zur Toilettenkabine in der Wagenmitte trugen dazu bei. An den für zwei Plätze vorgesehenen Bänken der 3. Klasse konnten bei Bedarf Klappsitze hochgezogen werden, sodass bei Einengung des Mittelgangs mehr Sitzplätze in der Aufteilung 3 + 1 zur Verfügung standen.

Die Wagen der Lieferungen von 1906 bis 1928 unterschieden sich geringfügig durch die Art der Fensterrahmen und die Abteillängen voneinander. Es waren verschiedene Hersteller beteiligt.

Von 1929 an wurde eine neue Wagengattung gebaut und zunächst auf die Bahnhöfe Hainsberg, Heidenau, Oberwiesenthal, Radebeul Ost, Wilsdruff und Zittau verteilt. Die 2.-Klasse-Wagen hatten sechs Abteile, die der

3. Klasse sieben Abteile in zwei Räumen. Da elektrische Beleuchtung, Dampfheizung und Scharfenbergkupplung noch nicht auf allen Strecken eingeführt waren, mussten für diese Wagen vorerst Übergangslösungen vorgesehen werden. Die Scharfenbergkupplung war im Untergestell vorbereitet, bei einigen Wagen wurden neben der elektrischen Beleuchtungseinrichtung Gaslampen angebracht, an deren Stelle man später Lüfter setzte. An die Plätze der durch die Dampfheizung später überflüssig gewordenen Germanenöfen ließen sich Sitze einbauen.

Die Wagen hatten Körtingbremse. Rollen für die Leinenführung der Heberleinbremse waren ebenfalls vorhanden. Dadurch war es möglich, diese Wagen in gemischten Zügen mit beiden Bremsarten einzusetzen.

Bei der Konstruktion berücksichtigte man zahlreiche neuere Erkenntnisse im Waggonbau. Sie wurden in Ganzstahl-Bauweise mit Tonnendach gefertigt. Einheitliche, austauschbare Teile brachten der Gattung den Beinamen »Einheitswagen« ein. Die Fahrzeuge fallen durch ihre breiten rechteckigen Fenster auf. Die ehemalige Klassenaufteilung in 2. und 3. Klasse ist immer noch an der Fensteraufteilung zu erkennen.

In den 50er-Jahren und Anfang der 60er-Jahre modernisierte das Raw »Wilhelm Pieck« Karl-Marx-Stadt die Mehrzahl der Personenwagen, um den Bestand bis zu einem etwaigen Neubau oder bis zur Stilllegung aller Schmalspurstrecken zu erhalten. Dabei erhielten alle Wagen eine Niederdruckumlaufheizung, elektrische Beleuchtung, Blechaußenwände, Saugluftbremse und eine einheitliche Innenausstattung. So wurden in den Innenräumen der Traglastenwagen die Holzsitze gegen Sitzplätze mit Hartpolsterung ausgetauscht, und die Sitzplatzaufteilung änderte sich geringfügig. Bei den übrigen modernisierten Personenwagen fielen die hohen Scheidewände mit Gepäckträger weg; auch hier wurden Hartpolstersitze mit niedrigen Rückenlehnen eingebaut. Die Trennwände mit Schiebetür zum Abortraum blieben erhalten. 1962 waren nur noch 42 Wagen im Originalzustand vorhanden.

Zu den umfassendsten Veränderungen an den sächsischen Schmalspur-Personenwagen kam es in Perleberg, wo sich eine Werkabteilung des Raw Wittenberge befand. Dem Werk Perleberg wurden am 1. Januar 1967 sämtliche sächsischen Schmalspurfahrzeuge zur Revision und Instandhaltung zugeteilt. Ausschlaggebend für diese Art von Modernisierung war, dass nicht mehr mit der Stilllegung aller Schmalspurstrecken zu rechnen war, sondern eine Reihe von Strecken noch eine längere Zeit

▲ Den Bahnpostwagen aus dem Jahre 1908 restaurierten die Mitglieder des Vereins Wilsdruffer Schmalspurnetz und stellen ihn in der Eisenbahnhistorischen Schauanlage am ehemaligen Haltepunkt Wilsdruff auf. Einmal führten sie das Unikat auf der Traditionsbahn Radebeul Ost — Radeburg vor (Friedewald Bad 2006).
Foto: R. Preuß

in Betrieb bleiben würde. Wagenneubauten waren nicht beabsichtigt oder Importe 1984 aus Bulgarien kamen nicht zustande. Da andererseits viele Bauteile des vorhanden Fahrzeugparks nur mit nicht mehr vertretbarem Aufwand aufgearbeitet werden konnten, war dringend die rationale Instandhaltung mit vereinheitlichten Bauteilen notwendig. Türen, Fenster, Sitzgestelle, Sitzpolster, Gepäckablagen, Abortzellen usw. wurden austauschbar gestaltet. Schließlich unterschieden sich – abgesehen von den durch Untergestell und Laufwerk bedingten Hauptabmessungen – die Traglastenwagen von den übrigen Wagen nur noch durch eine andere Sitzplatzaufteilung. Die Wände, einst aus naturfarbener lackierter Esche, Eiche und Ahornfüllung bestehend, wurden mit holzfarbenen Hartfaserplatten verkleidet, die Stahlrohr-

▲ In einem Traglastenwagen mit Ofenheizung unterwegs nach Jöhstadt, am 17. August 1974.
Foto: R. Preuß

87

▲ Innenansicht eines Personenwagens 3. Klasse mit zusätzlichen Klappsitzen (1973). Foto: R. Preuß

▲ Der Traglastenwagen erhielt andere Sitze. Auffällig die neuen Fenster, bei denen sich nur noch eine obere Lüftungsklappe öffnen lässt (Cranzahl, 1978). Foto: R. Preuß

▲ 2.-Klasse-Wagen der Einheitsbauart (Radebeul Ost 1977). Foto: R. Preuß

sitzgestelle trugen Sitzpolster und -lehnen aus kunstlederüberzogenem Weichschaumstoff.

Bis 1992 hatte die Werkabteilung Perleberg von den 157 Sitzwagen 91 »modernisiert« (eigentlich nur bearbeitet) – keineswegs zum Vorteil der Reisenden. Denn in diesen Wagen konnte man nicht mehr die Fenster öffnen und hinaussehen. Lediglich Klappen sollten Frischluft zuführen. Der Wegfall der Zwischentüren führte zu Zugluft und kühlte den Wagenraum sofort aus, wenn er beispielsweise auf einem Endbahnhof nicht beheizt wurde, sobald eine der Stirnwandtüren geöffnet war. Auch entsprach die Sitzbankanordnung nicht mehr der Fensterteilung – wie überhaupt die gesamte Modernisierung dem ständigen Materialmangel unterlag.

Am 30. Juni 1992 wurden die Werkabteilung Perleberg geschlossen und die Wagen dem Reichsbahnausbesserungswerk Görlitz zugeteilt. Die DB AG schloss dieses Werk 1998, sodass die wenigen noch benutzten Personenwagen in Meiningen, im Mansfeld, im Ausland oder bei den Bahnen selbst instand gehalten werden.

1993 modernisierte das Reichsbahnausbesserungswerk Halberstadt für die Strecke Zittau–Kurort Oybin/Kurort Jonsdorf einen KB4tr und rüstete ihn mit einem geschlossenen Toilettensystem aus. Erprobt wurde der Wagen auf der Strecke Radebeul Ost–Radeburg. Der Wagen blieb dort, aber mit herkömmlicher Toilette.

Eine Spezialität für Ausflugsbahnen – das waren fast alle sächsischen Schmalspurstrecken – sind stets besonders hergerichtete Aussichtswagen, die woanders Sommerwagen genannt werden. Die sächsischen Bahnverwaltung hat sich damit recht früh beschäftigt. Der erste Typ von Aussichtswagen fuhr um 1887 zwischen Hainsberg und Kipsdorf. Es war ein überdachter Personenwagen mit zwei Drehgestellen. An den Längsseiten boten sehr breite Fenster gute Sicht. An beiden Plattformen reichten Seitentüren bis zur Fensterhöhe. Die Wageneingangs-Stirnwände fehlten, und stattdessen bildeten jeweils ein Endabteil von 2,47 m Länge mit den Plattformen einen mit Stühlen ausgerüsteten Raum. Dazwischen befand sich, getrennt durch Zwischenwände mit Schiebetüren, der Fahrgastraum mit Längsbänken, wie er samt Oberlichtaufbau von anderen Fahrzeugen bekannt ist. Der Wagen hatte 36 Sitzplätze und war 1710 mm breit, sonst entsprachen die Abmessungen dem vierachsigen Personenwagen mit Oberlichtaufbau.

Die Reichsbahndirektion Dresden entwickelte 40 Jahre später noch einmal einen Aussichtswagen, der im Gegensatz zu seinem Vorgänger weder einen geschlossenen Fahrgastraum noch irgendwelche Dachaufbau-

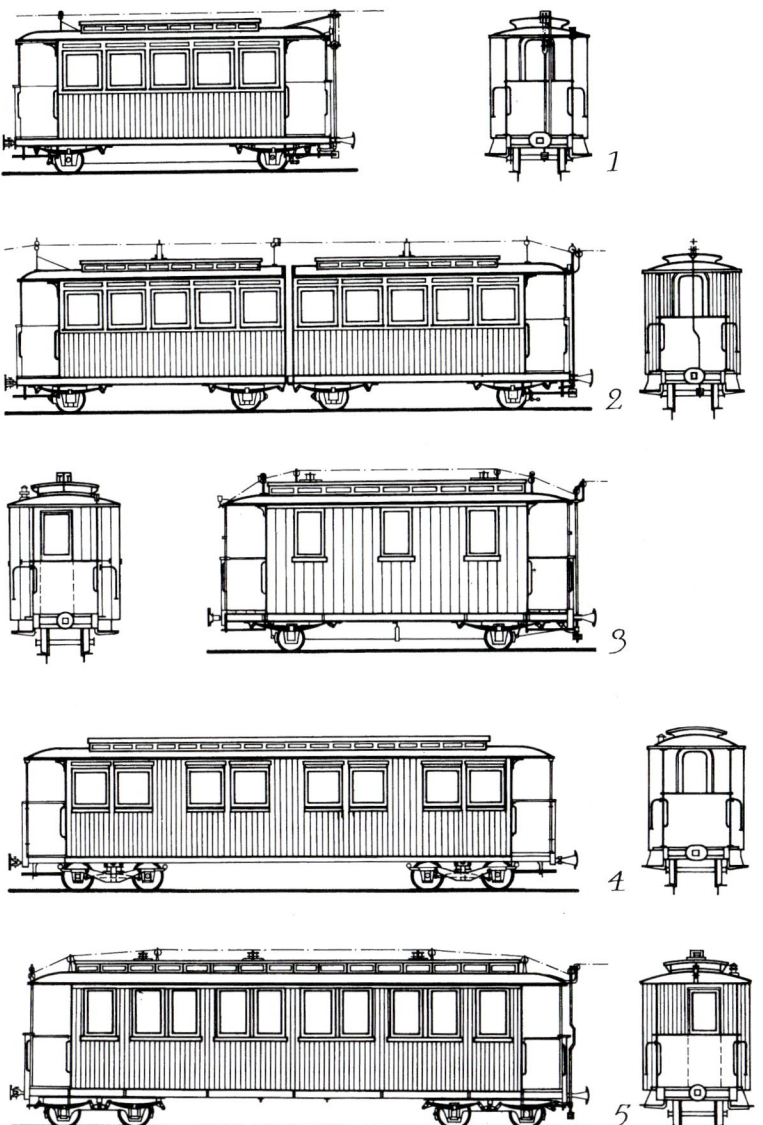

▲ Reisezugwagen für sächsische Schmalspurbahnen wurden zwischen 1881 und 1934 gebaut. Zunächst zweiachsig, dann vierachsig. Nach 1945 gab es zwei »Rekonstruktionsetappen« – die erste von 1950 bis 1960, die zweite von 1978 bis etwa 1985.
1 Diese Wagen wurden 1881 für die 3. Klasse, kombiniert für die 2. und 3. Klasse und noch einmal für die 2. Klasse gebaut.
2 Doppelwagen aus dem Jahre 1881, aus zwei kurzgekuppelten BC/C-Wagen zusammengefügt.
3 Nachdem ab 1881 die ersten zweiachsigen Personenwagen mit fünf Fenstern gebaut worden waren, gab es 1890 noch einmal eine Serie mit nur drei Fenstern.
4 Schon zwischen 1883 und 1887 waren versuchsweise fünf vierachsige Drehgestellwagen hergestellt worden.
5 Von 1895 an kamen die 2.- und 3.-Klasse-Wagen nur noch als Drehgestellwagen zu den sächsischen Schmalspurbahnen. Dieser Wagen wurde bis 1899 gebaut, und zwar für die 3. Klasse, für die 2./3. Klasse und als Traglastenwagen.

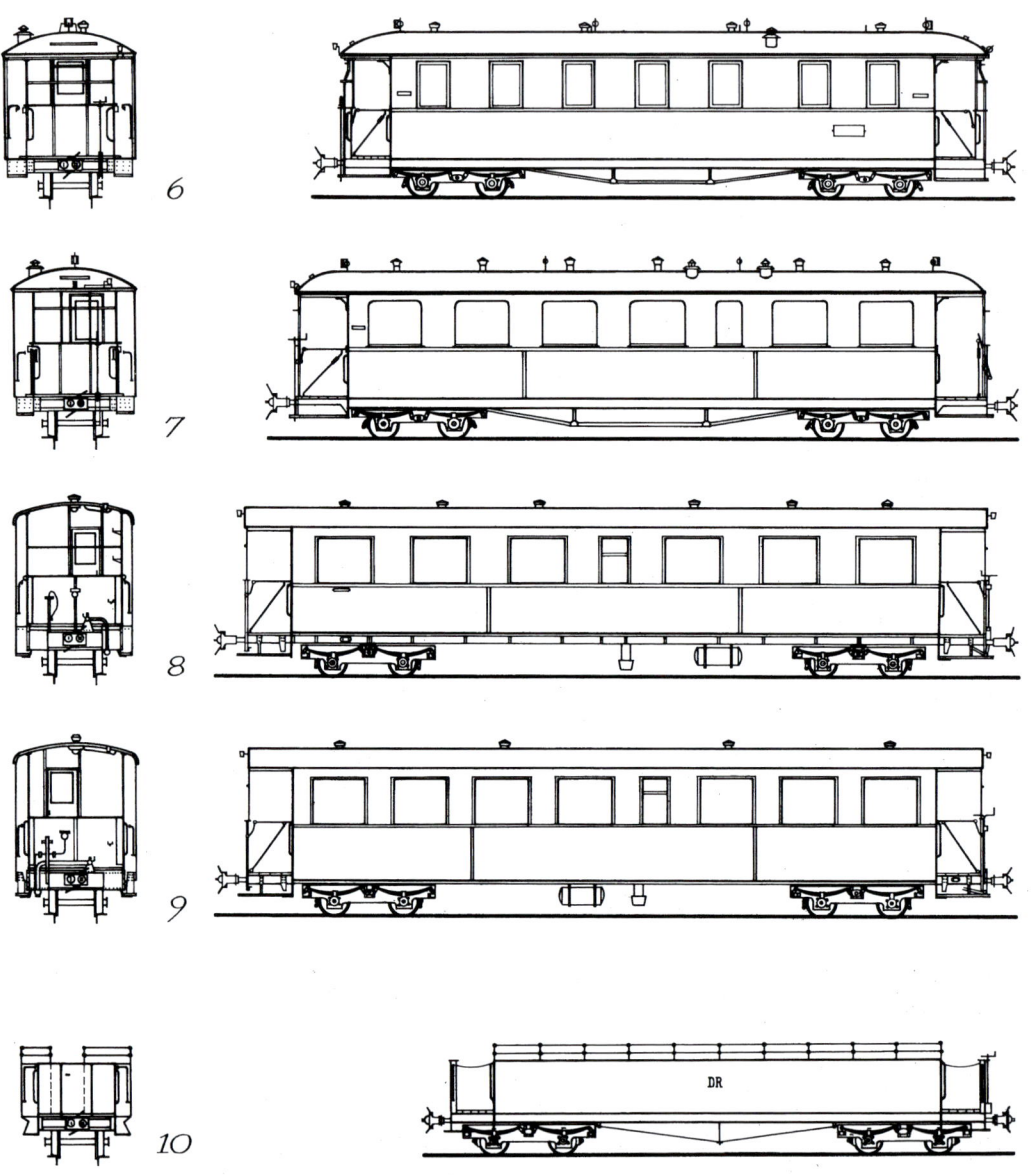

6 Dieser Traglastenwagen hat alle Äußerlichkeiten der Fahrzeuge der 20er-Jahre, stammt aber aus dem Jahre 1905.
7 Die unmittelbaren Vorgänger der Einheitswagen waren die 1928 gebauten BC4 und C4. Die gleichen Konstruktionsprinzipien weist auch der C4 aus dem Jahre 1906 auf.
8 Einheitswagen 2. Klasse aus den Jahren 1929 bis 1934.
9 Einheitswagen 3. Klasse aus den Jahren 1930 bis 1934.
10 Aussichtswagen, Baujahr 1930, Hersteller unbekannt.

Zeichnungen: Uhlemann

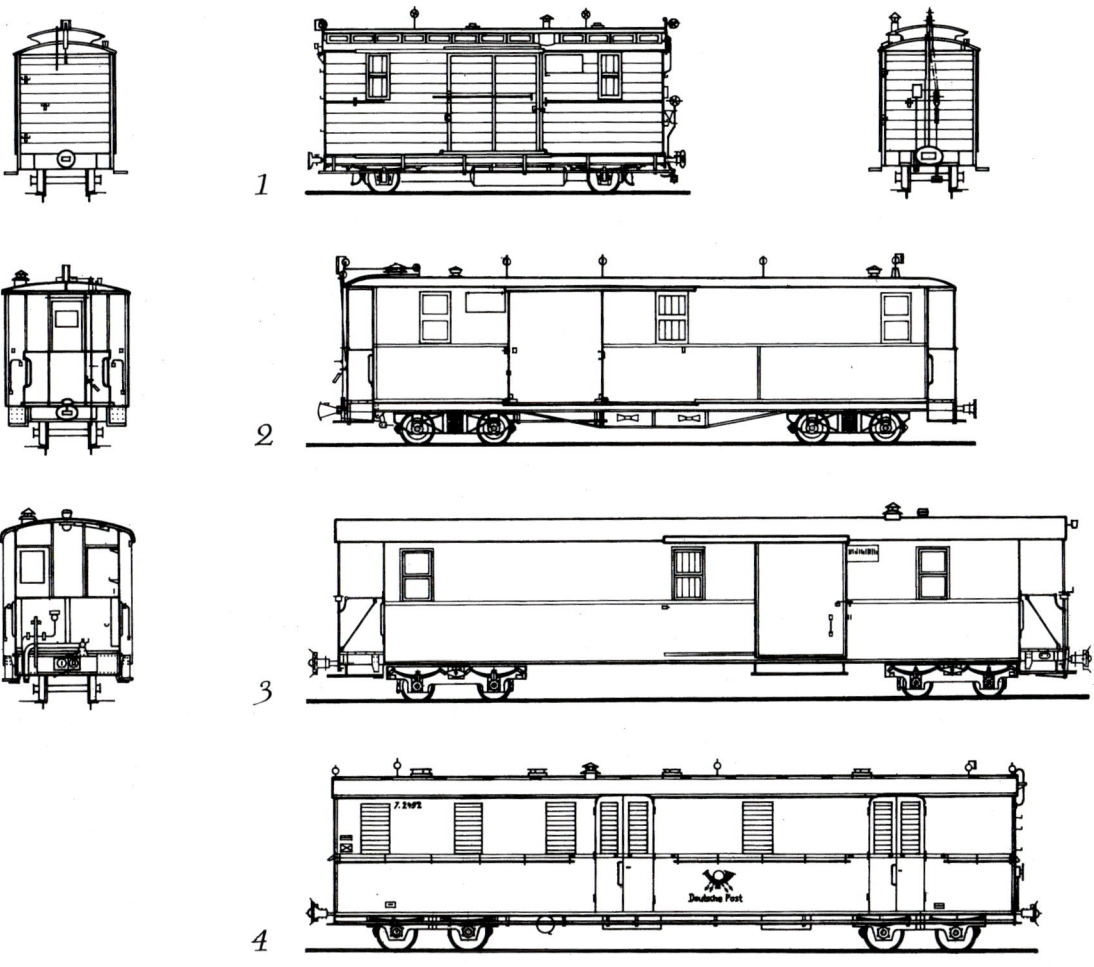

▲ Post- und Gepäckwagen, letztere später allgemein den Dienstwagen zugerechnet, beschafften die Direktionen für die sächsischen Schmalspurbahnen in geringen Stückzahlen. Die Postwagen waren ohnehin nicht Eigentum der Bahn; die besaß aber einige kombinierte Post-/Gepäckwagen
1 Gepäck- und Zugführerwagen vor 1900.
2 Von 1900 an wurden diese vierachsigen Gepäckwagen mit Zugführerabteil gebaut.
3 Dienstwagen KD4 der Einheitsbauart ab 1930.
4 Ein Neubau aus dem Jahre 1950 für die Deutsche Post.

Zeichnungen: Uhlemann

▲ Vierachsiger Gepäckwagen, Baujahr ab 1901, in einem Güterzug in Olbersdorf Oberdorf (1973). *Foto: R. Preuß*

▲ Von der Deutschen Reichsbahn modernisierter Zugführerwagen mit seitlicher Falttür (Freital-Hainsberg 1994). *Foto: R. Preuß*

ten hatte, sodass der Einsatz nur bei schönem Wetter möglich war. Bei günstigem Wetter wurde den Zügen auf den Strecken Radebeul Ost–Radeburg, Hainsberg–Kipsdorf, Heidenau–Altenberg und Zittau–Oybin/Jonsdorf am Schluss ein derartiger Wagen beigestellt. Diese grün oder rot gestrichenen Fahrzeuge erfreuten sich großer Beliebtheit, wurden aber nach 1950 wegen des Funkenflugs der Braunkohlenbrikettfeuerung nicht mehr eingesetzt, sind heute aber wieder in den Traditionszügen zu finden. Zum hundertjährigen Jubiläum der Strecke Cranzahl–Kurort Oberwiesenthal waren sogar drei Aussichtswagen aufgeboten worden.

Zuzeiten der Sächsischen Staatseisenbahnen hießen die für das Zugpersonal und die Gepäckbeförderung beigestellten Wagen Zugführerwagen. Die Bezeichnung wandelte sich in Packwagen über Gepäckwagen zu Dienstwagen, wie die Gattungsbezeichnung D verrät. Am Zugführerwagen fand auf unbesetzten Stationen der Fahrkartenverkauf statt. Außerdem wurde hier das Gepäck abgefertigt. Die Wagen waren mit Schreibpult, Federwaage für das Gepäck und Fahrkartenschrank ausgestattet.

Die ersten Zugführerwagen glichen fast den zweiachsigen gedeckten Güterwagen. Von 1901 an kamen Gepäckwagen mit Drehgestellen auf die Strecken. Diese Wagen hatten eine längslaufende Bretterverkleidung und erhielten zwischen 1950 und 1965 Blechverkleidung.

Passend zu den Personenwagen der Einheitsbauart wurden von 1929 an neue Gepäckwagen mit geräumigen

▲ Besonders bei Güterzügen wurden diese Gepäckwagen verwendet, in denen in erster Linie das Begleitpersonal, die Kuppelbäume und mitunter Reserveleinen für die Heberleinbremse befördert wurden (Mügeln 1996). *Foto: R. Preuß*

▲ Gepäckwagen der Einheitsbauart ab 1930 in Oschatz (1972). Der Wagen trägt das vereinfachte Zugschlusssignal Zg 3, wie es bei der Deutschen Reichsbahn jahrzehntelang für Schmalspurzüge gültig war *Foto: R. Preuß*

Zugführerabteilen und größeren Laderäumen beschafft. Diese Wagengattung bildete den Hauptbestand der eingesetzten Gepäckwagen und wurden in das Rekonstruktionsprogramm einbezogen. Seit Juni 1981 fuhr der erste rekonstruierte Wagen von Radebeul Ost aus. Er besaß nur noch eine offene Endbühne und Doppelfalt- statt der Schiebetüren zum Gepäckraum. Die vergrößerten Fenster glichen denen der rekonstruierten Personenwagen. Auf der Radebeuler Strecke werden neuerdings diese Wagen als Fahrradwagen gekennzeichnet, denn die Fahrgäste wünschen sich Fahrradbeförderung mit dem Zug.

Der Postverkehr bei den sächsischen Bahnen oblag der Reichspostverwaltung, und sie benutzte für die Postbeförderung auch die Schmalspurbahnen. Dazu stellte sie eigene Wagen ein. Bis 1892 waren es 40 zweiachsige Wagen, die im Aufbau den Gepäckwagen entsprachen. Zudem lieh die Eisenbahn in beschränktem Maße Wagen für die Postbeförderung. Das waren sowohl entsprechend eingerichtete Güterwagen als auch in Personen- bzw. Zugführerwagen eingerichtete Postabteile. Der Umzeichnungsplan von 1927 führt vier zweiachsige Güterwagen mit Postabteil auf. 1950 beschaffte die Deutsche Post im VEB Waggonbau Görlitz zwei vierachsige Postwagen, die in ihrer äußeren Form den Personen- und Gepäckwagen der Einheitsbauart glichen, jedoch keine offenen Endbühnen besaßen. Sie waren nur wenige Jahre auf der Strecke Wilkau-Haßlau–Schönheide eingesetzt und danach in Kirchberg (Sachs) abgestellt.

Den größten Teil des Wagenbestandes machten einst die Güterwagen aus, bis zur Jahrhundertwende ausschließlich zweiachsige Wagen mit einem Achsstand von 2,10 m bis 3,80 m.

Für die Schmalspurstrecken wurden die auch bei Normalspurstrecken typischen Wagengattungen angeschafft, wie offene und gedeckte Wagen, Klappdeckel-, Schemel- und Kesselwagen. Bei den Kesselwagen gab es drei Typen, und zwar für den Fäkalientransport, als Unkraut-Sprengwagen und für den Transport von Gas zur Beleuchtung der Personenwagen.

1899 lieferte die Waggonfabrik Görlitz die ersten vierachsigen offenen Güterwagen mit Drehgestellen für die Strecke Thum–Wilischthal.

Die Sächsischen Staatseisenbahnen erlaubten privaten Unternehmen, eigene Wagen fahren zu lassen. Diese Privatwagen entsprachen in Aussehen und Aufbau den Wagen der Staatseisenbahnen.

Die schmalspurigen Güterwagen verloren in Sachsen an Bedeutung, als immer mehr Rollböcke und Rollwagen eingesetzt wurden. Benötigt wurden die Schmalspur-

▲ Der vierachsiger Postwagen 7.2960, gebaut um 1900 (Zustand 1956) unterstand dem Bahnpostamt Leipzig. *Foto: Slg. R. Preuß*

▲ Der vierachsiger Postwagen 7.2491, Baujahr 1950 (Zustand 1956) gehörte auch zum Bahnpostamt Leipzig. *Foto: Slg. R. Preuß*

▲ Ein Postwagen aus dem Jahr 1892, gebaut nach der Serie ab 1883: Von 1871 an lag die Posthoheit beim Deutschen Reich, deshalb das Schild »Kaiserliche Post« mit zwei Emblemen.
Foto: Slg. R. Preuß

▲ Dieser gedeckter Güterwagen mit Drehgestellen besaß noch eine Trichterkupplung und Heberleinbremse (Freital-Potschappel, 1946). *Foto: Rbd Dresden*

▲ Dieser gedeckte Wagen hat eine Bühne zur Bedienung der Handbremse. Das Fahrzeug ist mit der Saugluftbremse ausgestattet (Eisenbahnmuseum Schmalspurbahnhof Oberrittersgrün, 1995).
Foto: R. Preuß

▲ An den Überladerampen für Betriebsmittel werden neuerdings Fahrzeuge zwischen Gleis und Straßentransporter ausgetauscht. Die Rampe der SOEG befindet sich in Zittau Vorstadt (2006).
Foto: R. Preuß

Güterwagen nur noch dort, wo der lokale Güterverkehr nur innerhalb des Schmalspurstreckennetzes betrieben wurde. Das traf insbesondere für die Strecke Klingenberg-Colmnitz–Frauenstein (Erzgeb) und das Mügelner Netz zu. Für Letztere musste eine größere Anzahl an schmalspurigen offenen Güterwagen für die Zuckerrübenkampagne vorgehalten werden.

Den Garaus versetzte dem Güterwagenpark das große Streckensterben in den 70er-Jahren. Stück- und Schüttgüter wurden fürderhin mit Lastkraftwagen längs der ehemaligen Schmalspurstrecken transportiert. Einige Güterwagen wurden nun Bahndienstwagen, zum Beispiel Begleiterwagen für Schneepflüge, als Hilfszugwagen, als Aufenthaltswagen für Bahnunterhaltungsarbeiter oder als Schotterwagen, genutzt. Mehrere dieser zwei- und vierachsigen Wagen, teilweise umgebaut, blieben über Jahrzehnte hinweg erhalten und konnten später für Museumszwecke in den Originalzustand zurückversetzt werden.

Nur wenige Fahrzeuge waren spezielle Sonderbauten für Bahndienstzwecke. Dazu gehörten mehrere Arten von Schneepflügen (ein- und zweiseitige mit oder ohne schwenkbare Pflugschar). Der interessanteste Bahndienstwagen ist der in der ständigen Fahrzeugausstellung in Radebeul Ost aufgestellte Profilmesswagen.

Nicht zu den Bahndienstwagen gehörten die Transportwagen. Da die Werkstätten für Schmalspurfahrzeuge weitab lagen, mussten die schmalspurigen Lokomotiven und Wagen über das Normalspurnetz transportiert werden. Die Wagen wurden zuerst auf offene normalspurige Güterwagen, die Lokomotiven auf besondere Transportwagen verladen.

Später beschaffte man auch für die Wagen spezielle Transportfahrzeuge, die immer noch im Einsatz sind, wenngleich wegen der hohen Trassenpreise, die die Deutsche Bahn AG für den Transport der Fahrzeuge zum und vom Werk verlangt, zunehmend mithilfe von Tiefladern auf die Straßen ausgewichen wird. Zur Be- und Entladung erhielten die Spurwechselbahnhöfe Überladerampen für die Betriebsmittel. Die Rampenhöhe entspricht der Höhe des Transportwagens, ausklappbare Schienenstücke stellen die Verbindung zwischen Rampengleis und Schienen der Wagen her. Die Überladerampen befinden sich inzwischen meist auf den Bahnhöfen, die von Transportfahrzeugen über die Straße günstig erreicht werden, z. B. in Hammerunterwiesenthal, Zittau Vorstadt. Auch werden transportable Überladerampen benutzt.

Für den Personenverkehr auf der Strecke Klingenthal–Sachsenberg-Georgenthal waren die bereits erwähnten elektrischen Triebwagen mit Beiwagen eingesetzt. Für die Strecke Reichenbach (Vogtl) unt Bf–Oberheinsdorf standen fünf Personenwagen zur Verfügung. Meist wurden die Reisezüge aus zwei Personen- und einen Personen-/Gepäckwagen (BPw 4) gebildet. Alle Fahrzeuge hatten Drehgestelle und offene Plattformen, Ofenheizung, Trichterkupplung und Heberleinbremse.

Im Güterverkehr sind auf der Klingenthaler Strecke Rollwagen benutzt worden. Außerdem waren vier gedeckte, zwei offene und ein – wie beim Straßenbahnbetrieb üblich – Salzwagen eingesetzt. Von Reichenbach nach Oberheinsdorf fuhren Güterzüge ausschließlich als Rollbockzüge. Hier war der Transport dreiachsiger Normalspurwagen gestattet. Diese Wagen erhielten End- und Mittelachsrollböcke.

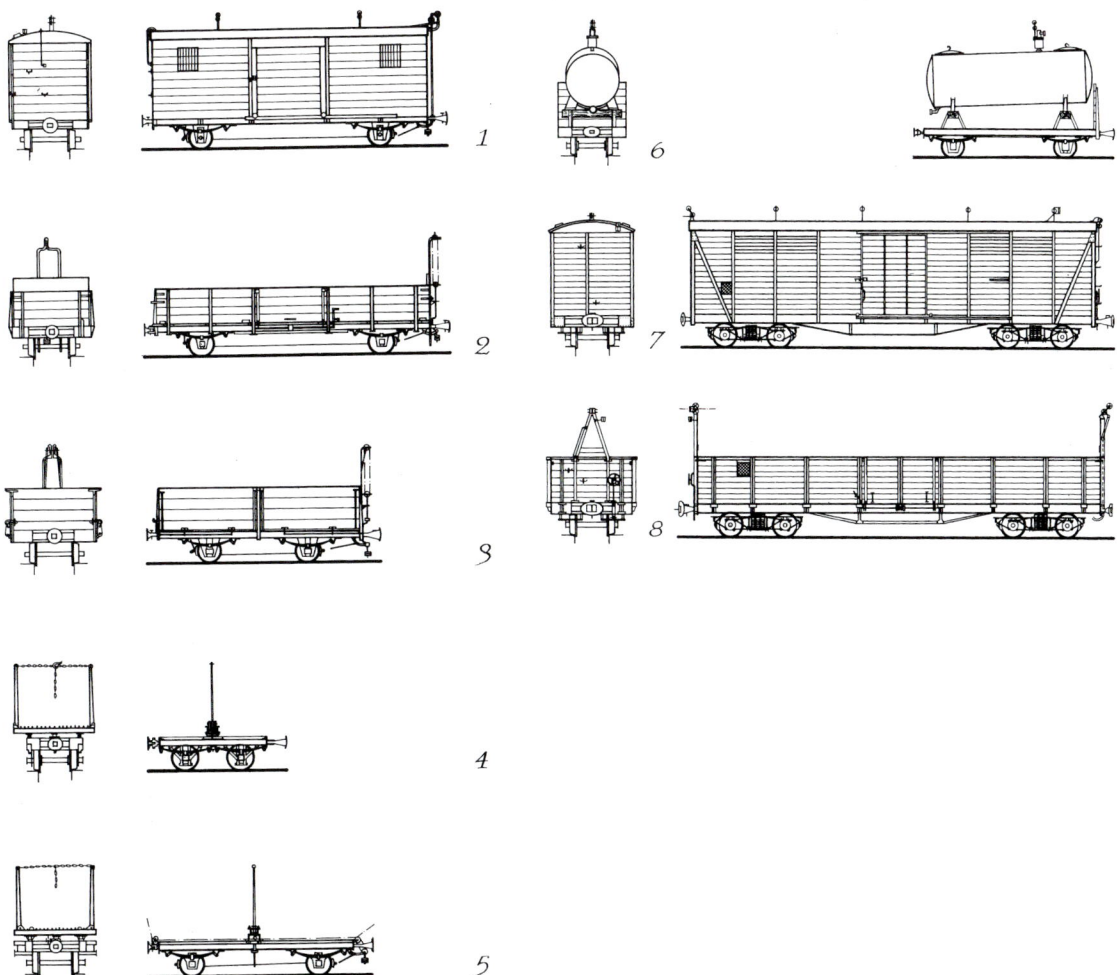

▲ Für die Güterwagenentwicklung der sächsischen Schmalspurbahnen gibt es zwei markant zu unterscheidende Stufen: Bis um 1900 wurden ausschließlich zweiachsige offene und gedeckte Wagen sowie Kessel- und Schemelwagen gebaut. Danach setzte der Bau vierachsiger Wagen derselben Gattungen ein. Dazwischen gab es Einzelgänger oder Sonderkonstruktionen. Sprengwagen zur Unkrautvernichtung und Wasserwagen gehörten zu den Bahndienstwagen und nicht zum Güterwagenpark
1 Gedeckter Güterwagen, Baujahr ab 1883.
2 Offener Güterwagen, Baujahr ab 1882.
3 Offener Güterwagen, Baujahr ab 1894.
4 Schemelwagen für Langholztransporte mit extrem kurzen Radstand, Baujahre 1884 bis 1886.
5 Schemelwagen für Langholztransporte, Baujahre ab 1890.
6 Drei Wagen für Flüssigdünger wurden 1881 gebaut. 1892 folgten fünf weitere, größere, mit Bremse ausgerüstete Fahrzeuge.
7 Vierachsiger gedeckter Güterwagen mit 10 t Tragfähigkeit, Baujahr ab 1901.
8 Vierachsiger offener Güterwagen mit 10 t Tragfähigkeit, Baujahr ab 1899.

Zeichnungen: Uhlemann

▲ Gedeckter Güterwagen, dessen Bauart ab 1901 gefertigt wurde, im Auslieferungszustand 1916 mit Trichterkupplung und Heberleinbremseinrichtung.
Foto: Slg. R. Preuß

▲ Zweiachsiger Fäkalienwagen für die Strecke Klotzsche–Königsbrück (Baujahr 1892). Der mit Fäkalien aus Dresden gefüllte Kessel wurde in Klotzsche vom Normalspurwagen genommen und an der Strecke in ein offenes Auffangbecken entleert. Von da holten sich die Bauern das Gut und düngten damit die Felder.
Foto: Waggonbau Görlitz

▲ Die Klappdeckelwagen für Schüttgüter, Gattung KKw, transportierten hauptsächlich Düngekalk (Bahnhof Mügeln, 1972).
Foto: R. Preuß

▲ Dieser zweiachsiger offener Wagen mit abnehmbaren Borden der K.Sächs.Sts.E.B. zeigt sich im damals üblichen grauen Anstrich (Eisenbahnmuseum Schmalspurbahnhof Oberrittersgrün, 1995).
Foto: R. Preuß

▲ Ein offener Güterwagen mit Drehgestellen für 15,75 t Tragfähigkeit im Auslieferungszustand 1919: Sachsen war Republik geworden, deshalb fehlte nun das »K« im Eigentumsmerkmal.
Foto: Waggonbau Görlitz

▲ Als »Sprengwagen zur Unkrautvertilgung« war bei der Deutschen Reichsbahn dieser vierachsige Kesselwagen zuletzt in Oschatz genutzt worden (Eisenbahnmuseum Schmalspurbahnhof Oberrittersgrün 1995).
Foto: R. Preuß

▲ Der Profilmesswagen bei der Fahrzeugausstellung in Radebeul Ost (1994). Foto: R. Preuß

▲ Dieser offene Güterwagen mit Drehgestellen stand am 9. September 1972 Oschatz. Die Stützen und das Seil der Heberleinbremse führen über das Ladegut hinweg. Foto: R. Preuß

▲ Eine interessante Zusammenstellung, bei der der Traglastenwagen mit Oberlicht und Trichterkupplung sowie die über den Zug führende Leine der Heberleinbremse auffällt (Mertitz-Jeßnitz, 1964). Foto: Meyer

▲ Die Schare des Schneepflugs 97-09-91 wurden von der Plattform eines Begleiterwagens aus eingestellt (Thum 1974). Foto: R. Preuß

▲ Zweiseitiger Schneepflug in Kurort Kipsdorf (1974). Foto: Gottschalch

▲ Mit Scharfenbergkupplung ausgestattet und für größere Schneemassen geeignet ist der Schneepflug 97-09-41 in Dippoldiswalde (1997). Foto: R. Preuß

▲ In Signalgelb mit DB-Firmenzeichen: Schneepflug 97-09-58 in Zittau (1997). Foto: R. Preuß

▲ Auf den meisten sächsischen Schmalspurstrecken waren Rollwagen für die normalspurigen Güterwagen vorhanden. Das Bild zeigt solche mit dem Kuppelbaum (Zittau 1973). Foto: R. Preuß

▲ Der unbeladene Rollwagen lässt auf seine Funktionsteile blicken: Hinten Keile für das Festmachen der Räder des Normalspurwagens, davor die Behälter für die Saugluftbremse, außen die Schienen, auf denen der Normalspurwagen mit seinen Radsätzen steht. *Foto: R. Preuß*

▲ Zweiachsige normalspurige Selbstentladewagen jeweils auf einen Rollwagen. Der vorbereitete Güterzug steht 1994 in Freital-Hainsberg. *Foto: R. Preuß*

▲ Waren normalspurige Drehgestellwagen zu befördern, mussten sie auf zwei Rollwagen gesetzt werden, wie hier der offene Güterwagen in Freital-Hainsberg (1994). *Foto: R. Preuß*

▲ Auch bei der Schmalspurbahn gab es Kleinwagen, die überwiegend von den Bahnmeistereien benutzt wurden. Dieses Eigenbaufahrzeug, 1978 aufgenommen in Radeburg, besaß einen Dieselmotor. *Foto: R. Preuß*

▲ Der Aussichtswagen in einem Sonderzug von Radeburg nach Radebeul Ost bei Berbisdorf (1974) *Foto: R. Preuß*

7. KUPPLUNGEN UND BREMSEN

▲ Die Trichterkupplung: Diese längere Seite nimmt das Zugeisen auf; es lässt sich völlig in die Kupplung hineinschieben und arretieren. Die Rollen gehören zur Heberleinbremse.

Foto: R. Preuß

▲ Trichterkupplung, verbunden   Foto: R. Preuß

Von 1881 bis heute gibt es zwei Kupplungssysteme, die zugleich die Funktion von Puffern zu übernehmen hatten: die Trichter- und die Scharfenbergkupplung.
Die für die Entwicklung des Kupplungssystems zuständige Maschinen-Hauptverwaltung hatte wohl die norwegischen Schmalspurbahnen zum Vorbild gewählt, bei denen mit der Trichterkupplung Zug- und Stoßvorrichtung vereinigt waren. Die Trichterkupplung wirkte teilweise selbstkuppelnd, indem sich beim Zusammentreffen das Kuppeleisen in den Schlitz der Pufferscheibe schob. Mit einem Bolzen wurde die Kuppelverbindung endgültig hergestellt. Der Schlitz der Pufferscheibe erlaubte das notwendige Seitenspiel beim Durchfahren von Bogen. Der Trichter hatte nach dem Entkuppeln das Kuppeleisen (oder Zugeisen) aufzunehmen, um es gegen Verbiegen zu schützen. In einem zusätzlichen Bolzenloch konnte mit einem Bolzen das Kuppeleisen im Innern des Trichters festgelegt werden.
Die Trichterkupplung war auf beiden Seiten des Wagens unterschiedlich. Das führte auf den sächsischen Schmalspurbahnen nie zu Schwierigkeiten, denn hier gab es keine Drehscheiben oder Gleisdreiecke, deren Benutzung zum Auftreffen unpassender Kuppelteile geführt hätte. Der Trichter musste lediglich bei allen Wagen einer Strecke in die gleiche Richtung zeigen; das kürzere Kuppelteil sollte bei Berganfahrten voranstehen. Güterwagen hatten an Seitenborden eine Anschrift, die auf die vorgesehene Einstellvorrichtung hinwies, was bei Fahrten aus der Werkstatt zum Übergangsbahnhof zu beachten war.
1930 entschloss sich die Reichsbahndirektion Dresden, die Schmalspurfahrzeuge mit 750 mm Spurweite auf Scharfenbergkupplung umzurüsten. Als erstes fuhr ein Versuchszug zwischen Hainsberg und Kipsdorf. Danach wurden auf den meisten Strecken Lokomotiven und Wagen mit dieser Kupplung ausgerüstet. Ausgenommen blieben die Rollfahrzeuge.
Brems-, Licht- und Heizleitung werden bei der heute noch verwendeten Scharfenbergkupplung nicht mit verbunden. Die vierachsigen Personen- und Gepäckwagen haben eine gesteuerte Kupplung, die beim Befahren von Bogen durch das Drehgestell bewegt wird.

Quasi als Adapter zwischen den Kupplungssystemen gibt es noch den so genannten Aufsteckkopf. Er wird benutzt für das Kuppeln von Lokomotiven mit Rollfahrzeugen und von Trichterkupplungen mit Scharfenbergkupplungen. Es ist auf der einen Seite als Scharfenbergkupplung, auf der anderen als Trichterkupplung ausgebildet und von Hand auf den Scharfenbergkupplungskopf zu stecken. Solche Aufsteckköpfe führte man auf der Lokomotive und in jedem Gepäckwagen mit.
Sehr bewährt hat sich der Aufsteckkopf auch während der Übergangszeit, als der Fahrzeugpark für die Kupplungsumrüstung vorbereitet werden musste.
Beim Rollbockbetrieb wurden die Rollbockpaare nicht miteinander verbunden. Zwischen den Normalspurwagen waren Kuppelstangen einzusetzen und zusätzlich besondere Kupplungen zur Lokomotive, zum Schmalspurwagen und zum Rollwagen nötig.
Im Rollwagenbetrieb wurden die beladenen Rollwagen untereinander, mit benachbarten Schmalspurwagen oder mit der Lokomotive durch so genannte Kuppelbäume verbunden. Diese Kuppelstangen verschiedener Länge waren mit Luftleitungen für die Saugluftbremse oder mit Führungsrollen für das Seil der Heberleinbremse ausgerüstet. Zwischen Kuppelstangengriff und Zughaken am Normalspurwagen war eine Kette einzuhängen, um bei einem etwaigen Bruch der Stangen das Einspießen in den Erdboden und damit Entgleisungen zu verhindern.
Wurden mit Langholz beladene Drehschemelwagen auf Rollwagen verladen, so mussten die Rollwagenpaare nicht gekuppelt werden. Die Ladung war zugleich die Verbindung von Rollwagen zu Rollwagen.
Wie bei den Kupplungen benutzten die sächsischen Schmalspurbahnen auch zwei Bremssysteme, wobei von der Handspindelbremse als Feststellbremse hier abgesehen werden soll. Bemerkenswert ist, dass mit der Heberleinbremse von Anfang an eine selbsttätig wirkende, durchgehende Bremse zur Verfügung stand. Erst in den 30er-Jahren wurde sie durch die Saugluftbremse Bauart Körting ergänzt bzw. abgelöst.
Die Friktionsbremse des Systems Heberlein (Jacob Heberlein, 1825–1881) hatten die Sächsischen Staatseisenbahnen zuerst 1880 mit Normalspurzügen auf den Strecken Olbernhau–Pockau und Neustadt–Dürrröhrsdorf erprobt. Für diese Bremse ist das über den gesamten Zug verlaufende Seil charakteristisch. Bei Schmalspurwagen wird es oberhalb der Fahrzeuge und über die Ladung hinweggeführt, Rollböcke und Rollwagen dagegen verlangen die Seilführung unterhalb des aufgebockten

▲ Der Aufsteckkopf als Adapter zwischen Scharfenberg- und Trichterkupplung.
Foto: R. Preuß

▲ Die Scharfenberg-Kupplung für die Schmalspurbahnen: Luft-, Heizungs- und Stromleitungen werden nicht mit verbunden.
Foto: R. Preuß

▲ Die Kupplung an Rollwagen: Der Kuppelbaum ist eingesetzt, darüber liegt das Seil der Heberleinbremse an der Laufrolle.
Foto: R. Preuß

Normalspurwagens. Auf Teilen der Lokomotiven, auf den Dächern der Wagen, bei offenen Fahrzeugen auf hochgestellten Trägern befanden sich Führungsrollen für das Seil. Wurde das durchgehende Seil gelockert, presste sich die Reibungsrolle auf die an der Radachse angebrachte Achsrolle. Das wachsende Aneinanderpressen der sich weiter drehenden Reibungsrolle bewirkte den Bremsvorgang. Die Bremswirkung trat also nur bei bewegten Fahrzeugen auf. Sie wirkte umso stärker, je höher die Geschwindigkeit des Zuges vor Beginn der Bremsung war.

Die Heberleinbremse galt als durchgehende Bremse, weil beim Nachlassen der Seilspannung alle Bremsen vom ersten bis zum letzten Wagen ansprachen. Allerdings wurde die Lokomotive nicht mitgebremst; sie besaß eine separate Handbremse. Zum Bedienen der Heberleinbremse war auf dem Lokomotivführerstand eine zweigeteilte Leinentrommel angebracht, deren Reibungskupplung es dem Lokomotivführer ermöglichte, das Seil zum Lösen oder zum Bremsen auf der Trommel aufzuwickeln oder freizugeben. Die Bremswirkung wurde mit der Haspel durch Anspannen und Nachlassen der Leine geregelt.

Im Gepäckwagen (Zugführerwagen) ließ sich die Seilrolle mit einem Auslösehaken aus der Verbindungsstange ziehen, um eine Sofortbremsung zu erzielen. In allen anderen Wagen konnten die Zugbegleiter (auch die Reisenden!) die Notbremsung herbeiführen, indem sie die Leine zerschnitten. Zugpersonale führten tatsächlich für solche Fälle scharfe Messer bei sich!

Durch die Heberleinbremse konnte auf die beim sonst üblichen Handbremsbetrieb notwendigen Bremser verzichtet werden. Umständlich blieb die Handhabung der Bremse für das Zugpersonal dennoch. Das Zusammenstellen von Zügen mit Heberleinbremse war aufwändig, da neben der Wagenkupplung die durchgehende Seilverbindung hergestellt werden musste; hierzu hatten die Seilenden an jedem Wagen Ösen. Jeder Zug musste zudem Reserveleinen mitführen. Besonders hoch war der Aufwand bei gemischten Zügen aus Rollfahrzeugen und Schmalspurwagen.

Schon vor 1922 entschied sich die Reichsbahndirektion Dresden, für ihre Schmalspurzüge die Saugluftbremse der Firma Körting einzuführen. Auch diese Neuerung wurde auf der Strecke Hainsberg–Kipsdorf erprobt. Die Saugluftbremse ist, wie die Heberleinbremse, eine durchgehende, selbsttätig wirkende Bremse. Die Fahrzeuge haben Bremszylinder mit luftdicht eingepassten Kolben, die über Hebel und Gestänge auf die Bremsklötze wirken. Die Kolben unterteilen die Bremszylinder in zwei Kammern. Eine Kammer steht mit der durchgehenden Hauptluftleitung des Zuges in Verbindung, die andere mit dem Hilfsluftbehälter.

Im ungebremsten Zustand wird mit dem Dampfstrahlsauger auf der Lokomotive in der durchgehenden

▲ Leinen für die Heberleinbremse: Der Schaffner hängte sie an die Lokomotive, sonst musste er sie mit sich herumtragen.
Foto: R. Preuß

▲ Auch die Bremsleine besaß eine Kupplung. Foto: R. Preuß

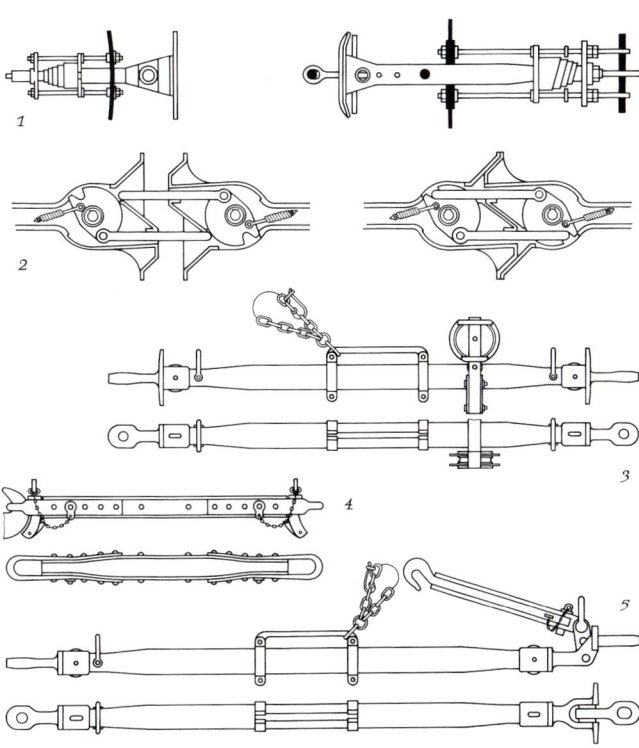

Luftleitung, in den Bremszylindern und in den Hilfsluftbehältern ein Vakuum mit 520 Torr gehalten. Wird durch das Führerbremsventil (oder durch das Notbremsventil) Luft in die Hauptluftleitung gelassen, bewegt der Druckunterschied zwischen den beiden Bremszylinderkammern den Bremskolben, und die Bremsklötze legen an. Sie lösen sich, wenn die Luft wieder abgesaugt wird. Stufenweises Bremsen und Lösen ist möglich.
Trotz einiger Nachteile, die insbesondere durch das Ansaugen von Schmutz und Feuchtigkeit und der dadurch bedingten Bremsstörungen gegeben sind, bewährte sich die Körtingbremse wegen der einfachen Bauart. Waren für die Heberleinbremse die Dachleinen charakteristisch, so wurden es für die Saugluftbremse die großen senkrecht stehenden Bremszylinder. Während der Umrüstzeit war oft die gleichzeitige Bedienung beider Bremsarten in einem Zug notwendig. Das Seil für die Heberleinbremse wurde über die saugluftgebremsten Wagen ohne Anschluss geführt.

▲ Schmalspurwagen und Normalspurwagen in einem Zugverband verlangen einen umfangreichen Aufwand an Anpassungen. In Sachsen benutzte man zuerst Rollböcke, dann Rollwagen; sie nahmen die Normalspurwagen Huckepack. Rollwagen und Rollböcke mussten aber samt ihrer Last untereinander und mit den übrigen Schmalspurwagen gekuppelt werden. Bei den Schmalspurwagen gab es wiederum zwei Systeme: die Trichterkupplung und die Scharfenbergkupplung.
1 Die sächsische Trichterkupplung, ein Einpuffersystem für geringe Kräfte. Links das Kurzkuppelteil, rechts der lange Trichter, der das Kuppeleisen aufnahm
2 Schnitt durch die Scharfenbergkupplung für Schmalspurwagen, links vor, rechts nach dem Kuppeln
3 Kuppelstange zum Verbinden von Lokomotive und Rollwagen mit Führungsrolle für das Seil der Heberleinbremse und Aufhängekette
4 Kuppelstange für die Verbindung zweier auf Rollböcken verladener Normalspurwagen
5 Gelenkkuppelstange für die Verbindung zwischen beladenem Rollbock und Schmalspurwagen. Die kurze Stange am Gelenk griff in die Kuppelöse der Schraubenkupplung des Normalspurfahrzeugs ein. *Abbildung aus: Vorschriften für die Benutzung der Rollfahrzeuge, Dresden 1923*

Obwohl sich die Saugluftbremse rasch durchsetzte, blieb auf einigen Strecken die Heberleinbremse erhalten, seit 1975 nur noch auf der Strecke Oschatz–Kemmlitz. Nach den Streckenstilllegungen und der Einstellung des Güterverkehrs auf anderen Strecken wurden Fahrzeuge mit Körtingbremse nach Mügeln umgesetzt und 1987 die Heberleinbremse aufgegeben.

Da bei der Deutschen Reichsbahn die Ersatzteilbeschaffung für die Körtingbremse immer schwieriger wurde, stellte man von 1982 an die Schmalspurfahrzeuge auf die Druckluftbremse der Bauart »KE« (Knorr Einheitsbremse) um. Außer bei manchen Traditionsfahrzeugen ist heute die Saugluftbremse nicht mehr zu finden.

Heizung und Beleuchtung haben bei den Schmalspurbahnen die gleiche Entwicklung genommen wie bei den Normalspurbahnen. Die anfängliche Ofenheizung wurde von der Dampfheizung abgelöst, den Rübölllampen folgten die Gaslampen, schließlich die elektrische Beleuchtung. Bei der Heizkupplung gab es die Besonderheit, dass der Kupplungsschlauch, um ihn bei niedrigen Wagen vor Schnee zu schützen, nach oben gebogen war. 1982 begann die Deutsche Reichsbahn, diese Kupplungen mit Bauteilen der Normalspur-Heizkupplungen zu ersetzen.

▲ Nur noch an Museumsfahrzeugen zu sehen: rote Kupplungsteil am Schlauch für die Saugluftbremse. Das Rohr rechts gehört zur Entwässerung der Niederdruckumlaufheizung (Nuhz).
Foto: R. Preuß

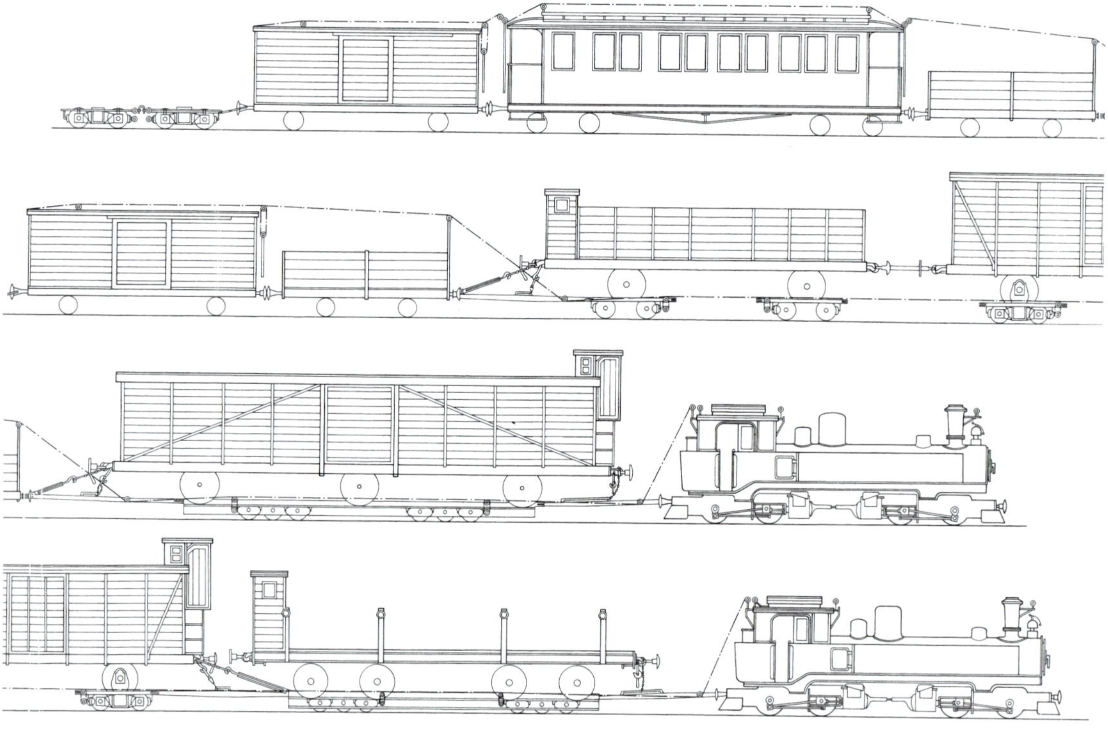

▲ Nicht immer ließ sich die Leine über das Fahrzeug und die Ladung führen, bei Rollböcken und Rollwagen lag sie unterhalb des Normalspurwagens. Das Bild aus einer Vorschrift zur Heberleinbremse veranschaulicht die Leinen-Verbindung zwischen den unterschiedlichen Wagen.
Abbildung: Slg. R. Preuß

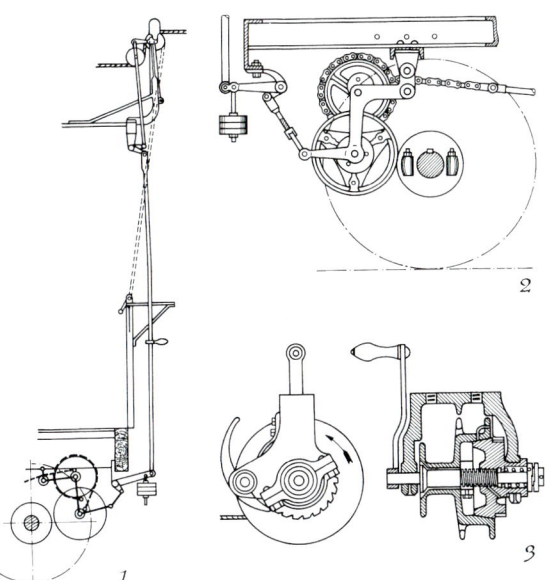

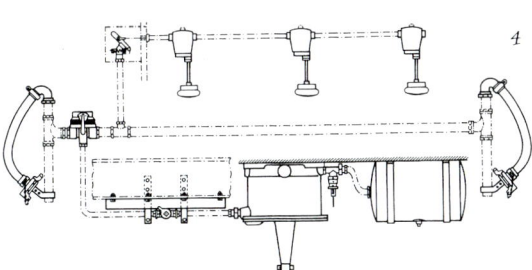

▲ Zur Erzeugung der Bremskraft fällt die Reibrolle auf die Achsmuffe und wickelt die Zugkette auf. Diese zieht über das Bremsgestänge die Bremsklötze gegen die Radreifen. *Foto: R. Preuß*

▲ Die sächsischen Schmalspurbahnen hatten zwei Bremssysteme, bevor die von Normalspurzügen bekannte Druckluftbremse auch hier eingeführt wurde: das rein mechanisch wirkende System des Jacob Heberlein, äußerlich charakterisiert durch das meist über den gesamten Zug hinwegführende Seil, und das Saugluftsystem von Körting, äußerlich zu erkennen durch die großen, hängend montierten Bremszylinder.
1 Übertragungsvorrichtung der Heberleinbremse an der Stirnseite eines Personenwagens mit Plattform. Die Bremse ist gelöst.
2 Die Heberleinbremse an der Wagenachse mit Kette und Reibrolle. die Bremse ist angelegt.
3 Die Heberleinbremse auf dem Lokomotivführerstand. Mit der Leinenhaspel konnte die Bremse feinstufig angezogen oder gelöst werden (Gespannte Leine = gelöste Bremse!).
4 Die Körtingbremse an einem Personenwagen

Abbildung: transpress

▲ Zum Bremsen drückt die Auslösetaste auf den gekrümmten Hebel und dieser über ein weiteres Gestänge auf die Reibrolle. Der Handgriff ermöglicht es, den Wagen von Hand zu bremsen.

Foto: Uhlemann

8. DIE STRECKEN

▲ Nur wenigen Eisenbahnfreunden ist diese Schmalspurbahn noch in Erinnerung: Herrnhut–Bernstadt (Oberlausitz). Der Zug mit der 99 555 in Berthelsdorf. 1945 fiel die gesamte Strecke als Reparationsgut an die UdSSR.
Foto: Slg. R. Preuß

Sachsens 31 Schmalspurstrecken waren weit über das Königreich verstreut. Meist waren es Stichbahnen, in einem Fall bildeten sie aber doch ein Netz beachtlichen Ausmaßes, das fast von Wurzen bis Dresden reichte. Im strengen Sinne des Wortes war es aber kein Netz, sondern es waren zwei strahlenförmig aneinander gereihte Strecken. Bei der Kurzbeschreibung folgen wir der Chronologie von der zuerst gebauten in Wilkau bis zur zuletzt eröffneten Klingenberg-Colmnitz–Oberdittmannsdorf. Die am Beginn einer jeden Streckenbeschreibung genannten Eröffnungs- und Stilllegungsdaten verraten, dass es wie bei der abschnittsweisen Eröffnung von Strecken oft unmöglich war, den Gesamtverkehr einer Verbindung einzustellen. Im zähen Kleinkrieg um Bereitstellung von Lkw- und Buskapazitäten, Reifen und Ersatzteilen, Einrichtung von Ladestraßen mit Stromanschluss, Straßenbau und der »Überzeugungsarbeit« mit der teilweise renitenten Bevölkerung wurde die »Salamitaktik« angewendet, um einer Strecke das Lebenslicht auszublasen.

▲ Der kurze Güterzug von Schönheide Süd bedient die Bürstenfabrik der Konsumgenossenschaft in Stützengrün am 7. April 1974. Bis hierher führt heute die Museumsbahn. *Foto: R. Preuß*

Wilkau-Haßlau–Carlsfeld

Eine durchgehende Fahrt auf der ältesten und wohl schönsten Schmalspurstrecke war nur bis zum 21. Mai 1966 möglich, denn am nächsten Tag wurde der Abschnitt Schönheide Süd–Carlsfeld stillgelegt, obwohl das bis zum 24. September 1966 geltende Kursbuch den vollen Fahrplan enthielt.

Wilkau-Haßlau–Carlsfeld (WCd)	
Eröffnet:	17. Oktober 1881 Wilkau–Kirchberg (6,72 km)
	1. November 1882 Kirchberg–Saupersdorf (3,35 km)
	16. Dezember 1893 Saupersdorf–Wilzschhaus (24,25 km)
	22. Juni 1897 Wilzschhaus–Carlsfeld 22. Juni 1897 (7,32 km)
Stillgelegt:	Wilkau-Haßlau–Kirchberg (6,72 km), Güterverkehr 30. September 1973, Reiseverkehr 2. Juni 1973
	Kirchberg–Saupersdorf (3,56 km), Güterverkehr 19. Juli 1967, Reiseverkehr 27. Mai 1967[1]
	Saupersdorf–Rothenkirchen (11,45 km), Güterverkehr 1. Januar 1971, Reiseverkehr 30. Mai 1970
	Rothenkirchen–Stützengrün (1,99 km), Güterverkehr 1. Februar 1976, Reiseverkehr 28. September 1975
	Stützengrün–Schönheide Süd (10,81 km), Güterverkehr 30. April 1977, Reiseverkehr 28. September 1975, Strecke stillgelegt am 1. Januar 1979,
	Schönheide Süd–Carlsfeld (7,32 km), Güterverkehr 15. Juli 1967, Reiseverkehr 22. Mai 1966,
	Strecke stillgelegt am 10. November 1967
Museumsbahn:	Schönheide Mitte–Neuheide 21. August 1993
	Neuheide–Bürstenfabrik Stützengrün 6. Dezember 1997
	Bürstenfabrik Stützengrün–Neulehn 17. November 2001

Anmerkung:
1 vom 28. Mai 1967 bis 31. Dezember 1972 Schienenersatzverkehr

Die neuen Bahnunternehmen stellen sich mit besonderen Firmenzeichen vor:

▲ SOEG (1996) SOEG (2000) DBG (1997) BVO Bahn (2001) SDG

Quelle: R. Preuß (3x), SDG (2x)

Den Befürwortern einer Schmalspurbahn von Wilkau nach Kirchberg, dem ersten Abschnitt der 41,65 km langen Strecke, war nicht der Sinn nach landschaftlichen Genüssen, vielmehr hatten sie zuerst an das Wirtschaftsleben in Kirchberg und die Kohlentransporte aus dem Zwickauer Revier gedacht. So nimmt es nicht wunder, dass hier der Güterverkehr immer rege war und zwischen Kirchberg und Wilkau der Berufsverkehr vorherrschte.

In der Legislaturperiode 1863/1864 hatte der Landtag den Bau der Strecke nach Kirchberg genehmigt, doch er scheiterte zunächst an fehlenden Geldgebern. Schließlich baute der Staat im Frühjahr 1881 selbst. Die Strecke begann am Empfangsgebäude von Wilkau, das an der Hauptbahn Schwarzenberg (Erzgeb)–Werdau liegt. Dort waren zwei Bahnsteige und ein Abstellgleis für Reisezugwagen. Die Lokomotive eines ankommenden Zuges benutzte zum Umsetzen die am Ende der drei Gleise liegende Segmentdrehscheibe. Die Anlagen zur Lokomotivbehandlung mit dem Dienstgebäude lagen auf der nördlichen Seite, die Umladehalle für Schüttgüter auf der südlichen mit zwei Normal- und zwei Schmalspurgleisen. Jenseits der Normalspurgleise gab es einen überdachten Bahnsteig, an dem das Stückgut umgeladen wurde, und die Umsetzanlage für die Normalspurgüterwagen. Die Schmalspurzüge kreuzten am Ostkopf des Bahnhofs schienengleich die Strecke nach Schwarzenberg und fuhren bis Kirchberg meist neben der Landstraße nach Rothenkirchen.

Kirchberg war der Mutterbahnhof der Strecke mit dem Bahnbetriebswerk. Hier und in Schönheide Süd saßen die Zugleiter. In Kirchberg gab es zahlreiche Anschlussgleise zu den Fabriken.

Um die bei Saupersdorf gelegenen Granitbrüche anzuschließen, wurde die Strecke weiter gebaut. Bis Hartmannsdorf (11,88 Kilometer) lagen 16 Anschlussbahnen

▲ Der Zug überquert das Tal am Bahnhof Schönheide Süd (1974). Der große Abstand zwischen Lokomotive und Gepäckwagen liegt daran, dass zur Kupplung ein Kuppelbaum verwendet wurde.

▲ Für die wenigen Reisenden genügte ein einziger Personenwagen, der dem Güterzug beigestellt wurde (Schönheide West. 7. April 1974).

Fotos: R. Preuß

– kundenfreundlicher konnte die Bahn wohl nicht sein. Die Fortsetzung ins Vogtland bei Rothenkirchen ließ eine Weile auf sich warten, zumal das Gelände ziemlich schwierig war und auf die Bau- und Betriebskosten schlug. Besonders der Abschnitt Bärenwalde–Wilzschhaus war sehr steigungsreich und voller Gleisbögen, der kleinste Radius maß 50 m. Deshalb verlief die Strecke für eine größere Längenentwicklung als Umweg über Obercrinitz.

In Bärenwalde begann der schönste Teil mit Ausblicken auf das westliche Erzgebirge. Bis Rothenkirchen überwand die Strecke 142 m Höhenunterschied. Bei Stützengrün wurde ein Tal mithilfe zweier Stahlviadukte überbrückt und noch an Höhe gewonnen. Ein auf der Landkarte kaum erkennbares Seitental der Zwickauer Mulde nötigte den Bauleiter, Bau-Oberingenieur Bergmann, einen Gerüstpfeilerviadukt mit Fachwerkträgern in etwa 25 m Höhe und 118 m Länge anzulegen. Er wurde bis zur Stilllegung dieses Streckenabschnitts das meist fotografierte Objekt. Die 130 t Stahlschrott mussten am 16. September 1982 mit einem Hubschrauber geborgen werden.

Diesem Viadukt folgten der Haltepunkt Stützengrün und die Anschlussbahn der Bürstenfabrik, deren Güteraufkommen die Bahn im oberen Abschnitt zum Schluss am Leben hielt. Am Hang des 811 m hohen Kuhbergs wurde Schönheide Mitte erreicht.

Dann senkte sich die Strecke in das Tal der Zwickauer Mulde, überquerte sie und die Strecke Chemnitz–Aue–Adorf auf einer Pfeilerbrücke, ehe sie nach Wilzschhaus kam, seit 1950 Schönheide Süd. Von hier aus stieg die Strecke wieder bis zum 856 m hoch gelegenen Carlsfeld an der sächsisch-böhmischen Grenze.

Seit 1991 hält in Schönheide die »Museumsbahn Schönheide/Carlsfeld e. V.« die Erinnerung an die erste sächsische Schmalspurbahn wach. Sie setzt sich zum Ziel, zumindest einen Teil der abgetragenen Strecke wieder aufzubauen und in Betrieb zu nehmen. Der einständige Lokomotivschuppen auf dem ehemaligen Bahnhof Carlsfeld wurde von Vereinsmitgliedern instand gesetzt. Mittelpunkt der Museumsbahn ist der Lokomotivschuppen des ehemaligen Bahnhofs Schönheide Mitte. Am 5. Dezember 1997 wurde der Abschnitt Schönheide Nord–Stützengrün in Betrieb genommen.

Freital-Hainsberg–Kurort Kipsdorf

»Das immer stärker werdende Bedürfnis, dem Bezirke der Amtshauptmannschaft Dippoldiswalde den fast

Hainsberg–Kipsdorf (HK)

Eröffnet:	1. November 1882 Hainsberg–Schmiedeberg (22,25 km)
	3. September 1883 Schmiedeberg–Kipsdorf (4,41 km)
	13. Dezember 2008 Freital-Hainsberg — Dippoldiswalde (15,0 km)
Stillgelegt:	Hainsberg–Schmiedeberg Güterverkehr 31. Dezember 1994
	Freital-Hainsberg — Kurort Kipsdorf Reiseverkehr 12. August 2002 (Hochwasserschäden)

noch gänzlich fehlenden Anschluss an das bestehende Eisenbahnnetz zu gewähren«, wie es der Eisenbahnchronist Ulbricht feststellte, bewog die Regierung 1879, den Bau einer Schmalspurbahn von Hainsberg nach Schmiedeberg zu beantragen. Von den vier verschiedenen Trassen, die zur Auswahl standen, und zwar über Laubnitz-Possendorf–Dippoldiswalde, durch das Poisental oder durch den Lockwitzgrund, entschied sie sich für die durch das Tal der Roten Weißeritz und verlängerte die Strecke nach Kipsdorf.

Damit erschloss die Bahn ein landschaftlich reizvolles Gebiet, das seit dem Bau der 84 Hektar großen Talsperre Malter von 1908 bis 1913 zusätzlich Badegäste anlockte. In 26 Monaten wurde die Strecke gebaut, im Raben-

▲ Der Streckenabschnitt, den die Lokomotive 99 1594 befährt, gehört zur ersten Schmalspurstrecke in Sachsen, er liegt zwischen Wilkau-Haßlau und Kirchberg (Sachs). Die Aufnahme entstand am 31. März 1973. *Foto: R. Preuß*

▲ So präsentierte sich in den 30er-Jahren der Endbahnhof in Kipsdorf.
Foto: Slg R. Preuß

▲ In den Bahnhof Dippoldiswalde fährt am 7. August 1997 die 099 723 (ex 99 734) mit ihrem Zug Kipsdorf ein. Noch besitzt der Bahnhof einen Weichenantrieb mit der Kugel (1997). Foto: R. Preuß

auer Grund sogar ein 17 m langer Tunnel errichtet, der aber 1904 wegen des Rollbockverkehrs gesprengt werden musste. 1903/1904 wurde in Hainsberg (seit 1964 Freital-Hainsberg) ein neuer Bahnhof gebaut und dafür die Strecke um 630 m verlängert und damit insgesamt 26,34 km lang. In Schmiedeberg sollte eine Strecke nach Moldau in Böhmen abzweigen, deren Bau 1910 lediglich bis Bärenfels begonnen wurde.

Oft, 1897 und 2002 sehr schlimm, wurde die Bahn vom Hochwasser der Weißeritz heimgesucht. Für die Talsperre Malter musste zwischen Spechtritz und Dippoldiswalde eine andere, 35 m höhere Streckenführung gewählt werden, auch entstanden ein neuer Bahnhof und ein neues Empfangsgebäude in Malter.

Die nächste Veränderung betraf die Ortsdurchfahrt von Schmiedeberg, die 1924 verlegt wurde, einen neuen Bahnhof und den 191,2 m langen Viadukt erforderte. Kipsdorf erhielt von 1932 bis 1935 einen neuen Bahnhof mit einem Stellwerk und Empfangsgebäude im so genannten Heimatstil.

Die Strecke war gleichermaßen vom Güter- und Personenverkehr belegt. In Schmiedeberg, wo eine Gießerei und eine Maschinenbaufirma tätig waren, kamen zum Beispiel 1912 täglich 38 Züge an. Die Stadt Dippoldiswalde und deren Betriebe bezogen fast alle Güter über die Bahn ebenso wie die Möbelfabrik in Rabenau und die Forstwirtschaft zu den Versandkunden gehörten.

Mit dem Individualverkehr, der geförderten Autobuslinie Dresden–Zinnwald und dem Ausbau der Transitstraße Dresden–Zinnwald–Prag schien, zumindest für den Abschnitt Schmiedeberg–Kurort Kipsdorf, das Ende der Bahn nahe zu sein. Die Rbd Dresden war an ihr nicht interessiert. 1992 stellte sie den Güterverkehr ein. Lediglich die Einstufung der Strecke als zu erhaltende Touristikbahn hatte die Stilllegung verhindert. Allerdings benutzen immer weniger Erholungsuchende, die den Rabenauer Grund, die Talsperre Malter oder das Osterzgebirge besuchten, die Bahn.

Die Deutsche Bahn wollte die Strecke »regionalisieren«. Das zog sich hin. Der Weißeritzkreis besaß kein schlüssiges Konzept dafür, ebenso zerschlug sich 1997/98 die Idee einer Bürgerinitiative, die Bahn in eigener Regie zu betreiben. Am 1. Januar 2001 übernahm die Mitteldeutsche Bahnreinigung (BRG), ein DB Tochterunternehmen, welches später als DB Services firmierte, im Auftrag der DB Regio AG die Betriebsführung mit dem Fahrbetrieb. Nach den Schäden des Jahrhunderthochwassers im Rabenauer Grund am 12./13. August 2002 dauerte es sechs Jahre, bis am 13. Dezember 2008 der planmäßige Zugverkehr wieder aufgenommen werden konnte, wenn auch vorerst nur bis Dippoldiswalde. Selbst mit modernen Baugeräten stellte sich im engen Tal der Roten Weißeritz der Wiederaufbau nicht einfach dar. Mussten doch nicht nur die vom Hochwasser verursachten Schäden besei-

▲ Der Eröffnungszug mit den Lokomotiven hält im Bahnhof Rabenau.
Foto: R. Preuß

tigt, sondern zugleich der früher vernachlässigte Streckenabschnitt saniert werden. Zu weiteren Hindernissen gehörten Schäden nach starkem Schmelzwasserabfluss, die neue Hochwasserschutzkonzeption sowie Umweltauflagen. Zwischen Freital-Hainsberg und Dippoldiswalde mussten drei Brücken neu gebaut und 19 Brücken saniert werden. Insgesamt gibt es bis Dippoldiswalde 69 Stützbauwerke, welche auf einer Länge von insgesamt 3.000 m saniert bzw. erneuert wurden.

Der Freistaat Sachsen übernimmt alle weiteren förderfähigen Kosten für den Wiederaufbau der 26 Kilometer langen Strecke der Weißeritztalbahn von Freital-Hainsberg nach Kurort Kipsdorf. Dies verkündete Ministerpräsident Stanislaw Tillich am 13. Dezember 2008 anlässlich der feierlichen Wiederinbetriebnahme von Deutschlands dienstältester Schmalspurbahn. »Die Staatsregierung setzt die Zukunft der Weißeritztalbahn auf sichere Schienen und steht damit zu ihrem Versprechen: Wir bauen diese Strecke wieder auf und übernehmen alle Kosten, die über die zehn Millionen Euro Fluthilfemittel des Bundes hinausgehen«, erklärte der Ministerpräsident. Der Betrieb wurde der SDG Sächsischen Dampfeisenbahngesellschaft mbH übertragen. Als vormals BVO Bahn GmbH hatte das Unternehmen schon 2004 die Weißeritztalbahn pachtweise von der DB Netz AG übernommen. Dem widersprachen jedoch kommunalrechtliche Bestimmungen. Deshalb ist der Verkehrsverbund Oberelbe (VVO) an der SDG beteiligt, der Weißeritzkreis wurde 2007 Eigentümer der Strecke, verpachtete sie an die SDG und erhielt vom Verkehrsverbund den Übernahmepreis erstattet.

Mügeln–Döbeln

Vor der Jahrhundertwende nahm das sächsische Eisenbahnnetz fast seine endgültige Gestalt an, doch die Kleinstädte Wilsdruff, Strehla und Mügeln blieben zunächst noch ohne Bahnanschluss. Die sächsische Staatsregierung reagierte auf die zahlreichen Petitionen, indem sie sich vom Landtag unter anderem die Strecke Döbeln–Mügeln–Oschatz (ursprünglich auch mit Zweigbahn nach Wermsdorf, die 1879/80 abgelehnt worden ist) genehmigen ließ. Sie war sich bewusst, dass auf Grund der geringen Besiedlungsdichte mit einem rentablen Reiseverkehr nicht, allenfalls zur Erntezeit (während der Zuckerrüben-Kampagne) mit einem kostendeckendem Güterverkehr zu rechnen war. Erleichtert werden sollte der Bezug der Kohlen, und ein erweitertes Absatzgebiet für landwirtschaftliche Erzeugnisse, Kalk und Porphyr sollte eröffnet werden. Die Regierung hatte Recht, denn am 8. Dezember 1898 hieß es im »Wochenblatt für Strehla und Umgebung«: »Der soeben erschienenen Rentabilitätsberechnung für die einzelnen Linien der Sächsischen Staatseisenbahnen auf das Jahr 1897 ist zu entnehmen, daß die Schmalspurbahn von Oschatz nach Strehla 1,664 Proc Zuschuß gegen 1,760 Proc im Vorjahr beanspruchte.« Ungeachtet dessen entstanden zwischen Meißen, Potschappel, Nossen, Döbeln und Oschatz Schmalspurstrecken, die gleichsam ein Netz bildeten.

Die 19,89 km lange Strecke Mügeln–Döbeln wurde für den Transport von Ziegeln, Kalkstein, landwirtschaftlichen Erzeugnissen und dabei insbesondere der Rüben zur Döbelner Zuckerfabrik gebraucht. Während der Rübenkampagne musste sogar zwischen 1950 und 1960 Lokomotivpersonal von Kirchberg, Annaberg-Buchholz und Reichenbach aushelfen.

Die Strecke begann im Bahnhof Mügeln (von den man behauptete, er sei der größte Schmalspurbahnhof Europas, was nicht stimmte) in einem großen Bogen in südöstlicher Richtung. Über Lüttnitz (Tonwerke), Görlitz

▲ Bahnhof Gärtitz mit Blick in Richtung Döbeln. Als selten galt schon zum Aufnahmezeitpunkt (1964) der zweiachsige Gepäckwagen rechts im Bild. *Foto: Meyer*

Mügeln–Döbeln (OD = Oschatz–Döbeln)	
Eröffnet:	15. September 1884 Mügeln–Großbauchlitz (17,67 km)
	1. November 1884 Großbauchlitz–Döbeln (2,22 km)
Stillgelegt:	Mügeln–Gärtitz (17,67 km) Güterverkehr 1. Januar 1968, Reiseverkehr 14. Dezember 1964
	Gärtitz–Döbeln (2,22 km) Güterverkehr 1. Oktober 1961, Reiseverkehr 14. Dezember 1964

(seit 1936 Schrebitz Nord), Töllschütz (seit 1936 Kiebitz), Tronitz, Mockritz-Jeßnitz, Döschitz und Gadewitz führte die Strecke zur Gabelstelle Gärtitz, die neun Gleise besaß, wo die Strecke nach Lommatzsch abzweigte. Auf 4,3 km Länge bestand durch Einbau einer dritten Schiene bis 1909 der Gemeinschaftsbetrieb mit der Hauptbahn Riesa–Döbeln. Danach wurde das Schmalspurgleis separat trassiert.

In Großbauchlitz (umbenannt in Döbeln Nord) und auf der Brücke der Mulde gab es wieder Drei-Schienen-Gleise. Danach führten ein Gleis zur Zuckerfabrik und ein Gleis nach Döbeln Hbf.

Radebeul Ost–Radeburg

Der Lößnitzgrund bot der Trasse von Radebeul eine – wenn auch enge – so doch günstige Trasse, um die Stadt Radeburg an das Eisenbahnnetz zu bringen. Am 12. September 1884 rief der Bürgermeister Hinkel namens des Vereinigten Festausschusses im »Radeburger Anzeiger« auf: »Das Stadthaus und der Eingang in die Stadt in der Nähe des Bahnhofs werden mit Flaggen, Girlanden u.s.w. entsprechend dekoriert sein und erwartet man, daß auch die Bürgerhäuser, insbesondere an der Dresdnerstraße und am Marktplatz solchen Schmuck anlegen werden.«

Am 12. September 1884 traf nachmittags kurz nach 3 Uhr der Festzug in Radeburg ein, und die 16,55 km lange Strecke Radebeul–Radeburg nahm bald im Güterverkehr einen derartigen Aufschwung – nicht zuletzt nach der Inbetriebnahme der 2,5 km langen Anschlussbahn zu den Schamottewerken Radeburg im Jahre 1901 –, dass 1924 der Rollwagenverkehr eingeführt wurde und die Bahn leistungsfähigere Lokomotiven der Gattung VI K erhielt.

Die massiven Empfangsgebäude in Radeburg, Friedewald und Moritzburg (vormals Eisenberg) unterstreichen die Bedeutung der Bahn. Neuen Glanz erhielt die Strecke im August 1974, als sie zur Traditionsbahn gekürt wurde. Seitdem verkehren hier Sonderzüge aus charakteristischen Schmalspurfahrzeugen der sächsischen Schmalspurzeit, von Männern in historischen Uniformen begleitet.

▲ Das Eisenbahnunternehmen »Servicegesellschaft Leipzig GmbH« betrieb zeitweilig den Verkehr auf der Strecke Radebeul Ost–Radeburg. Hier fährt die Lokomotive 099 752 (ex 99 788) noch für DB Regio; bei Radeburg (1998). *Foto: R. Preuß*

▲ Sollen wieder in Planzügen zu finden fahren, wie hier im Sonderzug auf der Traditionsbahn Radebeul Ost–Radeburg – offene Aussichtswagen (Friedewald, 1998). *Foto: R. Preuß*

▲ Die Scharfenbergkupplung gab es bei den sächsischen Staatseisenbahnen noch nicht, sonst ist die Lokomotive nicht viel umgebaut, so dass sie fast so wie in den ersten Betriebsjahren aussieht (99 539, vorher 132, in Moritzburg) *Foto: R. Preuß*

Radebeul–Radeburg (RRg)

Eröffnet:	16. September 1884 (16,55 km)
Stillgelegt:	Güterverkehr 31. Mai 1991
Traditionsbetrieb:	zusätzlich seit 10. August 1974

Abgesehen vom Schülerverkehr benutzen vor allem Ausflügler die Bahn. Sie fahren zu den Dippelsdorfer Teichen sowie in die Wald- und Teichlandschaft um Moritzburg. Aus den Zügen der Dresdner S-Bahn kann man in Radebeul Ost bequem in die Schmalspurzüge umsteigen, am Haltepunkt Weißes Roß aus der Straßenbahn. Dann fährt man an Weinbergen vorbei in den Lößnitzgrund zur Hochebene um den Bahnhof Friedewald. Ein schmaler Damm ermöglicht die Fahrt durch die Dippelsdorfer Teiche bis hinunter zum Bahnhof Moritzburg (früher Moritzburg-Eisenberg). Die Strecke führt um die Teiche herum nach Bärnsdorf und nach Radeburg.

Nach Einstellung des Güterverkehrs wurden unter anderem die Gleise zum Schamottewerk Radeburg reduziert; meist kreuzen die Züge in Moritzburg. Bei der Deutschen Bahn war das Schicksal der Strecke ungewiss. Jedoch hatte der Verkehrsverbund Oberelbe langfristig den Nahverkehr auch auf dieser Bahn bestellt. Am 1. Januar 2001 übernahm die Mitteldeutsche Bahnreinigungsgesellschaft die Betriebsführung. Die Gesellschaft ist Teil der Deutschen Bahn, und die wollte in Sachsen den Schmalspurbahnbetrieb nicht behalten. So fügte sich, dass am 21. Juni 2004 die im Obererzgebirge ansässige BVO Bahn (seit 9. Mai 2007: SDG Sächsische Dampfeisenbahngesellschaft mbH) von der DB AG die Bahn übernahm. Bis zu diesem Datum war die Strecke vorerst saniert worden, und das Empfangsgebäude von Moritzburg glänzte nach einer gründlichen Instandhaltung.

Klotzsche–Königsbrück

Die Stadt Königsbrück litt darunter, dass die Eisenbahnpläne im Nordosten Sachsens unausgeführt blieben. Köpcke und Pressler schrieben 1886 im »Civilingenieur«: »Die Gegend zwischen Klotzsche und Königsbrück und das Hinterland der letztgedachten Stadt weisen eine in reger Entwicklung begriffene Landwirtschaft auf, demnächst sind die ausgedehnten Staats- und Privatforsten von Bedeutung, außerdem sind in Königsbrück viele Töpfereien; Moritzdorf und Okrilla besitzen Glaswerke und ebenso wie Schwepnitz Dampfschneidemühlen. Die geringe Zahl der Einwohner und die wenn auch nicht ganz unbedeutende, so doch hinter derjenigen anderer Gegenden Sachsens immerhin zurückbleibende Indus-

Klotzsche–Königsbrück	
Eröffnet:	17. Oktober 1884 (19,49 km)
Stillgelegt:	31. März 1897 (Umstellung auf Normalspur)

▲ Als Endbahnhof besitzt Radeburg einen Lokomotivschuppen, vor dem die zwei Maschinen für den Regelzugdienst und die Traditionslokomotive 99 1713 am 10. August 1974 stehen. *Foto: R. Preuß*

▲ Kuppelbäume werden in Oschatz nicht mehr gebraucht. Der Zugverkehr mit Rollwagen wurde als letzter in Sachsen eingestellt. Am 5. Juni 1997 standen in der Umsetzanlage in Oschatz noch »Tozi« und die Lok Nr. 31. *Foto: R. Preuß*

▲ Döllnitzbahn: Die 2091.010 – inzwischen als 199 030 bezeichnet – bespannt am 5. Juni 1997 einem Schülerzug in Oschatz. Die ungewöhnliche Farbgebung wurde gewählt, um die jungen Fahrgäste zur Mitfahrt zu werben. *Foto: R. Preuß*

trie mußten nun nothwendig darauf schließen lassen, daß der Verkehrsumfang in den engsten Grenzen sich bewegen werde. Obgleich daher die Terrainverhältnisse dem Bahnbau bedeutende Schwierigkeiten nicht entgegenstellten und wenn auch mit ungleich höheren, so doch immerhin nicht übermäßigen Kosten eine Normalspurbahn herzustellen gewesen sein wird, so konnte doch die Projectierung einer solchen schon im Hinblick auf die nothwendig größere Entfernung einer Normalspurbahn von den Zwischenorten nicht in Frage kommen, und es ist daher die Bahn mit 75 cm Spurweite gebaut worden, welche mit dem geringsten Kostenaufwande die größte Nützlichkeit für den Verkehr zu verbinden gestatte.«

Wie fragwürdig diese Begründung zum Vorteil der schmalen Spur war, zeigte sich bald: Bereits zehn Jahre nach Inbetriebnahme wurde die 19,49 km lange schmalspurige Strecke auf Normalspur umgebaut.

▲ Hochbetrieb herrschte am 9. September 1972 Mügeln, den manche fälschlich als größten Schmalspurbahnhof Europas bezeichneten. *Foto: R. Preuß*

Zittau–Hermsdorf

Die 14,71 km lange Strecke Zittau–Markersdorf war die erste und ist die heute bei vielen Eisenbahnfreunden vergessene Schmalspurbahn in der südöstlichen Oberlausitz. In ihrer Eigenheit und Bedeutung unterschied sie sich kaum von den anderen sächsischen Strecken. Die oft als »Reichenauer« bezeichnete Strecke wurde 1900 um 1,02 km bis Hermsdorf in Böhmen verlängert und hatte dadurch einen grenzüberschreitenden Reiseverkehr, zumal auf dem in Österreich gelegenen Bahnhof ebenfalls eine Schmalspurstrecke begann: Hermsdorf i. B.–Friedland i. B. Angepasst an das sächsische Maß besaß sie die in der k. und k. österreichisch-ungarischen Monarchie einmalige Spurweite von 750 mm.

Nahe dem Neißeviadukt in Zittau stand die in Ziegelbauweise unauffällige »Blockstelle Neißebrücke«. Es war jedoch die »Abzweigstelle von der Z-H-Linie«, denn hier begann die Zittau-Oybin-Jonsdorfer Eisenbahn, die auf 1,60 km Länge die Strecke Zittau–Markersdorf mitbenutzte.

Die Zittau-Hermsdorfer Strecke wurde ein Opfer des Zweiten Weltkrieges und der Oder-Neiße-Grenze. Denn der Reichenauer Zipfel fiel 1945 an Polen. Vor dem Kriegsende, am 2. Mai 1945, war der Zugverkehr eingestellt worden, der letzte Zug, der P 507, nach Wiederaufnahme des Zugverkehrs für wenige Tage fuhr am 22. Juni 1945 bis Reichenau, das nun Bogatynia hieß. Auf einem Teilstück nahmen die Polnischen Staatsbahnen PKP den Zugbetrieb wieder auf. Über ihn liegt fast Alles im Dunkeln. Die Deutsche Reichsbahn bediente noch den Anschluss Schlachthof Zittau an dem Streckenrest.

Oschatz–Mügel–Nerchau-Trebsen

Die 11,4 km lange Strecke Oschatz–Mügeln war innerhalb des Schmalspurnetzes um Mügeln die wichtigste Verbindung. Am Bahnhof Oschatz standen die Lokomotivbehandlungsanlagen, die Umladehalle, Umladerampe, die Umsetzanlage für die Rollwagen und eine Wagenschlosserei. 19 Gleise zeigten, welchen Umfang der Güterverkehr hatte. Auch der Personenverkehr war sehr dicht.

Die Strecke verläuft durch die Stadt, angeschlossen verschiedene Anschlussbahnen, die wichtigste war die zur Zuckerfabrik, die während der Kampagne täglich zwei- bis viermal 50 Achsen lange Rübenzüge empfing. Oschatz Süd war die stadtnahe Zugangsstelle. Auf Altoschatz folgten Kreischa-Saalhausen (seit 1936 Thalheim) und bis Naundorf das Döllnitztal. Parallel zur Landstraße erreichten die Züge nach der Haltestelle Schweta den Bahnhof Mügeln.

Er war angeblich Europas größter Schmalspurbahnhof. In seiner größten Ausdehnung hatte er nach 1927 insgesamt 38 Gleise, drei Bahnsteige und 74 Weichen. In

Zittau–Hermsdorf (ZH)	
Eröffnet:	11. November 1884 Zittau–Markersdorf (13,72 km)
	25. August 1900 Markersdorf–Hermsdorf (2,2 km)
Stillgelegt:	22. Juni 1945

Oschatz–Mügeln (OD = Oschatz–Döbeln)	
Eröffnet:	7. Januar 1885 (11,38 km)
Stillgelegt:	Reiseverkehr 28. September 1975, wieder aufgenommen durch die Döllnitzbahn am 3. August 1995, Güterverkehr 31. Dezember 2000
Mügeln–Nerchau-Trebsen (MN)	
Eröffnet:	27. September 1888 Mügeln–Mahlis für den Rübentransport
	1. November 1888 (23,94 km) für den Gesamtverkehr
Stillgelegt:	Nebitzschen–Wermsdorf (8,26 km) 1. Oktober 1972
	Wermsdorf–Mutzschen (3,04 km) Reiseverkehr 28. August 1967, Güterverkehr 1. Januar 1970
	Mutzschen–Neichen (9,6 km) Reiseverkehr 28. August 1967, Güterverkehr 1. Juli 1968

Mügeln waren der Fahrdienstleiter (zugleich Zugleiter für die anschließenden Strecken), das Zugbegleitpersonal und das Bahnbetriebswerk ansässig. Mügeln war der Betriebsmittelpunkt eines Schmalspurnetzes, das sich bis an die Elbe, in die Lommatzscher Pflege und bis zur Mulde erstreckte. War deshalb der Superlativ berechtigt? Abgesehen davon, dass niemand die Kriterien für Größe bestimmte, in Polen und Bosnien gab es ebenfalls Schmalspurnetze mit entsprechend großen Bahnhöfen. Gewiss, Mügeln war einer der größten Bahnhöfe Europas in ausschließlich schmaler Spur.
Hier begannen die bereits vorgestellten Strecken nach Döbeln und die 23,94 km lange Verbindung nach Wermsdorf–Neichen. Letztere blieb im Döllnitztal, es folgten Altmügeln und Nebitzschen, wo die »Kaolinbahn« nach Kemmlitz abzweigte. In Glossen wurden hauptsächlich Quarzitsteine umgeschlagen, in Mahlis Düngemittel und Erntegut. Neben dem Horstsee lag mit sieben Gleisen und einem Lokomotivschuppen der Bahnhof Wermsdorf. Mutzschen, Böhlitz-Roda, Wagelwitz, Cannewitz, Denkwitz, Nerchau-Gornewitz hießen die folgenden Stationen bis zur 1934 zum Kilometer 23,5 verlegten Grenze der Reichsbahndirektion Halle. Dadurch kam dieser Direktionsbezirk in den Besitz von 0,44 km Strecke in 750 mm Spurweite.
Nerchau-Trebsen (seit 1936 Neichen) besaß als Inselbahnhof und Anschluss zur 1970 stillgelegten Normalspurstrecke Großbothen–Wurzen eine Umladehalle, Umsetzanlage und einen Lokomotivschuppen.
Im Güterverkehr beweist die Schmalspur noch heute ihre Nützlichkeit für den Transport des Kaolins aus dem Börtewitzer Becken. Die Züge pendelten zwischen Oschatz und Kemmlitz. Zwar sollte nach dem Willen der

▲ Nicht mehr in Betrieb ist der Abschnitt Nebitzschen–Nerchau-Trebsen, an dem der Bahnhof Wermsdorf (b Oschatz) lag (9. September 1972). *Foto: R. Preuß*

▲ Auch zwischen Nossen und Wilsdruff hatte die Schmalspurbahn im Güterverkehr ihr Auskommen. Am 17. Juli 1971 verließ 99 1648 Nossen. *Foto: R. Preuß*

Reichsbahndirektion Dresden 1993 der Zugverkehr auf dem verbliebenen Rest des Mügelner Netzes eingestellt werden, aber gegen die alternativen Lkw-Fahrten regte sich der Widerstand. Schließlich übernahm die Döllnitzbahn den Betrieb, die der ostdeutsche Bahnkundenverband und der Landkreis Oschatz (jetzt Landkreis Nordsachsen) am 5. Februar 1994 gegründet hatten (siehe Seite 27). Weil mit Aufgaben des Personennahverkehrs kein Platz mehr für den Güterverkehr sei, stellte die Döllnitzbahn per 31. Dezember 2000 den Güterverkehr auf der gesamten Strecke zwischen Oschatz und Kemmlitz ein. Kaolin in Oschatz umzuladen erwies sich schwierig, da das feine Material im Fahrzeug festhing. Das Feinkaolin wird nun in Sackbehältern mit Lkw transportiert, die Umladehalle in Oschatz weiterhin genutzt. Seit 2006 ist die Strecke von Nebitzschen bis Glossen wieder befahrbar. In der Woche wird sie für den Schülerverkehr benutzt, am Wochenende vom Verein als Traditionsbetrieb mit der Dampflokomotive.

Mosel–Ortmannsdorf

Sie war die einzige Schmalspurstrecke der Reichsbahndirektion Dresden, die bereits vor 1945 den Reiseverkehr auf den Autobus, den reichsbahneigenen, verlegte. Der letzte Personenzug fuhr am 14. Mai 1939. Erst als im Frühjahr 1944 Reifen und Benzin so knapp wurden, dass der zivile Autobusverkehr rigoros eingeschränkt werden musste, ist der Reiseverkehr auf den Schienen wieder aufgenommen worden. Er blieb so unbedeutend, dass die Mülsengrundbahn nach 1945 zu den ersten stillgelegten Schmalspurbahnen in der DDR gehörte.

Ausgangspunkt war der Bahnhof Mosel an der Hauptbahn Dresden–Werdau. Hier standen ein dreiständiges Maschinenhaus und die Überladerampe. Der Güterboden diente beiden Spurweiten.

In einem Rechtsbogen strebte der Zug der Zwickauer Mulde zu, die auf einer Stahlgitterbrücke überquert wurde. Der Haltepunkt Wulm lag bereits im Mülsengrund. Nach dem Haltepunkt Niedermülsen wurde die Haltestelle Thurm erreicht. Nach einer Steigung von 1 : 60 folgten Stangendorf und Mülsen St. Jacob. Diese Haltestelle hatte stets einen regen Personen- und Güterverkehr; in der Nähe stand das Bahnhofshotel »Zur Linde«, in dem man die Fahrkarten löste.

Nach Mülsen St. Niclas gelangte der Zug zum höchsten Punkt der Strecke, 340,2 m über NN. Er überquerte die Ortsverbindungsstraße auf einer etwa 100 m langen Brücke, die aus zwei Steinbögen bestand, deren mittlere zwei Öffnungen durch Blechträger geschlossen waren. Nach fast einer Stunde Fahrzeit war Ortmannsdorf erreicht.

Obgleich diese Strecke fast nur dem lokalen Verkehr diente (oder gerade deswegen?), wurde 1951 im Mülsengrund bedauert, dass ihre Stilllegung beschlossene Sache war. Am 20. Mai 1951 um 15.01 Uhr verließ der letzte Zug mit der 99 535 den Bahnhof Ortmannsdorf. Und in den nächsten Jahrzehnten wanderten immer wieder Eisenbahninteressierte in den Mülsengrund und suchten die Spuren der Schmalspurzeit. Erstaunlicherweise hatte sich in der DDR vieles vom Bahnbetrieb erhalten.

Freital-Potschappel–Nossen

Die Strecke hatte insbesondere mit der Verbindung von Wilsdruff nach Meißen ihre Bedeutung für die Kleinstadt Wilsdruff, die ohne Bahnanschluss geblieben war. Nachdem der Landtag 1884 den Bau der Schmalspurstrecke Potschappel–Wilsdruff genehmigt hatte, nutzte man die Trasse der normalspurigen Kohlenbahn von Potschappel nach Niederhermsdorf und baute in das Gleis kurzerhand die dritte Schiene ein.

An der 38,79 km langen Strecke lagen mehrere Anschluss-

Mosel–Ortmannsdorf (MO)	
Eröffnet:	1. November 1885 (13,94 km)
Stillgelegt:	14. Mai 1939, wieder aufgenommen im Juli 1945, erneut stillgelegt 1. August 1951

▲ Im Jahr 1971, dem letzten Betriebsjahr, ließen die leeren Gleise des lang gestreckten Schmalspurbahnhofs Wilsdruff nur noch erahnen, welch ein Zug- und Rangierbetrieb hier früher zu beobachten gewesen war. *Foto: R. Preuß*

Potschappel–Nossen (Pno)

Eröffnet:	1. Oktober 1886 Potschappel–Wilsdruff (10,9 km)
	1. Februar 1899 Wilsdruff–Nossen (27,89 km)
Stillgelegt:	Freital-Potschappel–Mohorn (22,2 km) Güterverkehr 1. Februar 1972
	Oberdittmannsdorf–Obergruna-Bieberstein (6,5 km) Güterverkehr 1. Oktober 1972
	Obergruna-Bieberstein–Siebenlehn (2,3 km) Güterverkehr 31. März 1973
	Siebenlehn–Nossen (4,0 km) Güterverkehr 3. Dezember 1973
	Freital-Potschappel–Nossen (38,8 km) Reiseverkehr 27. Mai 1972, Gesamtstrecke stillgelegt 31. Dezember 1973

stellen, bzw. Firmen nutzten die Ladestraßen der Bahnhöfe. 1935 wies der Abschnitt Freital-Potschappel–Nossen mit 11,32 Prozent den größten Anteil an der Streckenbelastung aller sächsischen Schmalspurbahnen auf. Weil der Eisenbahnversand und -empfang nicht so schnell zu ersetzen war, blieb auch zuletzt der Güterzugverkehr von Nossen zur Papierfabrik in Obergruna-Bieberstein.

Der Reiseverkehr konnte schon früher auf den Omnibus verlegt werden, weil sich die Verkehrsbeziehungen der Wilsdruffer von Meißen weg zur Kreisstadt Freital entwickelt hatten und hierhin der Busverkehr vorteilhafter war. Wegen der »Volkswahlen« war der Reiseverkehr seit Frühjahr 1972 im Schienenersatzverkehr gefahren worden. Niemand sollte verärgert und deshalb zum Nichtwähler werden. Nach den Wahlen setzte der Linienverkehr des VEB Kraftverkehr ein.

Die Strecke war schon wegen ihrer Steigungen recht reizvoll, wurde aber von den Anhängern der sächsischen Schmalspurbahnen nicht sehr beachtet, obwohl hier immer die sächsischen Lokomotiven der Gattung VI K (respektive die so genannten »Reko-VI K«) eingesetzt waren und in Wilsdruff als Betriebsmittelpunkt reger Zug- und Rangierverkehr herrschte.

Das Thumer Netz

1885 genehmigte der Landtag die Strecke Wilischthal–Ehrenfriedersdorf mit einem Abzweig von der Station Oberherold nach Thum. Während der Bauzeit dieses Abschnitts wurde auch die Strecke Schönfeld–Geyer gebaut, und 1898 lag auch die Genehmigung vor, die Strecke Geyer–Thum zu bauen.

Nun war es zweckmäßig, die Strecken auf Thum auszurichten, zumal das Thumer Eisenbahnkomitee nicht unbegründet eine Strecke nach Meinersdorf gefordert hatte, die 1900 genehmigt wurde. Der alte Bahnhof Thum erhielt eine 340 m lange Verbindung zum neuen Bahnhof, sodass die Strecke Wilischthal–Thum mit der über Ehrenfriedersdorf–Geyer–Schönfeld über den Eisenbahnknoten Thum verbunden war und die bisherige Strecke Oberherold–Ehrenfriedersdorf aufgegeben werden konnte.

1911 ist noch die Strecke von Meinersdorf–Auerbach–Hormersdorf an den Bahnhof Thum angeschlossen worden, der sowohl im Personen- als auch im Güterverkehr stark genutzt wurde.

Die Stilllegung des so genannten Thumer Netzes zog sich über Jahre hin, berücksichtigt man auch den restlichen Betrieb von Schönfeld-Wiesa und von Wilischthal zu den

Wilischthal–Thum (WT)

Eröffnet:	15. Dezember 1886 (13,54 km)
Stillgelegt:	28. Mai 1972 (13,54 km), bis 31. Dezember 1992 Anschlussgleis Papierfabrik in Betrieb

Schönfeld–Meinersdorf (SM)

Eröffnet:	1. Dezember 1888 Schönfeld–Geyer (9,04 km)
	1. Mai 1906 Geyer–Thum (8,19 km)
	1. Oktober 1911 Thum–Meinersdorf (12,55 km)
Stillgelegt:	Schönfeld-Wiesa–Thum (17,23 km) Güterverkehr 1. November 1968, Reiseverkehr 15. Oktober 1967, Anschlussbedienung Schönfeld-Wiesa–Papierfabrik bis 15. April 1985 (anschließend Umbau auf Normalspur)
	Thum–Meinersdorf (12,55 km) Güterverkehr 1. Januar 1976, Reiseverkehr 29. September 1974, Stilllegung insgesamt 1. Januar 1976

Papierfabriken. Von Meinersdorf nach Thum wurde der Güterverkehr am 1. Januar 1976 eingestellt. Bereits seit 23. Juni 1975 galt die Strecke als Nebengleis des Bahnhofs Meinersdorf, der Güterzug als Rangierfahrt. Der Bahnhof Thum war zu dieser Zeit bereits nicht mehr besetzt.

Was sich zwischen Januar und März 1976 zwischen Meinersdorf und Thum bewegte, waren Rangierfahrten, um Fahrzeuge, Signale und die Lokomotive 99 1774 als letzte in Thum stationierte abzuholen. Danach übernahmen Schüler den Abbruch der Gleise als so genanntes »Kreisjugendobjekt Stollberg (Erzgeb)«.

Grünstädtel–Oberrittersgrün

Die Strecke von Grünstädtel nach Oberrittersgrün wurde als Zubringer gleich mit der zugehörigen Hauptstrecke Schwarzenberg–Buchholz geplant. Die Trasse dieser Schmalspurbahn verlief, ständig steigend, um den Höhenunterschied von 166 m zu überwinden, ausschließlich im Tal des Pöhlwassers. Sie besaß immerhin fünf Anschlussbahnen, vorwiegend für den Empfang von Kohlen und Rohholz genutzt. Nach der Stilllegung der Strecke wird der Bahnhof von Oberrittersgrün als »Sächsisches Schmalspurbahn-Museum Rittersgrün im Erzgebirge« genutzt.

Grünstädtel–Oberrittersgrün (GR)

Eröffnet:	1. Juli 1889 (9,36 km)
Stillgelegt:	26. September 1971

Mügeln–Geising-Altenberg

Bereits 1866 begann die Erörterung eines Anschlusses vom unteren Teil des industriereichen Müglitztals an das Eisenbahnnetz, möglichst sogar mit einer Verbindung nach Böhmen. Sie wäre sehr kostspielig geworden. Bei der Begründung der Verlängerung von Geising-Altenberg nach Altenberg etwa 60 Jahre später, findet sich erneut der Gedanke, einen Anschluss nach Moldau in Böhmen herzustellen um die Kohlenzufuhr zu verbessern. Aber: 650 m Höhenunterschied vom Elbtal nach

▲ »Wilischtal im Zschopautal« sagt die alte Postkarte. Durch den Bahnhof führen die Gleise der Eisenbahnlinie Flöha–Weipert, links vom Empfangsgebäude die der Schmalspurstrecke nach Thum. Sie überqueren hier die Zschopau. *Foto: Slg. Ossen*

▲ Von Thum aus führten drei Schmalspurbahnen zu Normalspurlinien, sodass oft vom Thumer Netz gesprochen wurde. So sah es am Bahnhof Thum am 28. Juli 1972 aus. *Foto: R. Preuß*

▲ Meinersdorf (Erzgeb) war einer von drei Übergangsbahnhöfen der Thumer Strecken. Der Zug wartet am 17. März 1973 auf Reisende, die aus dem damaligen Karl-Marx-Stadt (Chemnitz) kommen. *Foto: R. Preuß*

Böhmen zu überwinden, erschien zu aufwändig, und so reichte es vorerst lediglich für eine Stichbahn bis zur Stadt Geising. Die Strecke folgte bis Lauenstein der Müglitz und weiter dem Tal des Roten Wassers.

Obwohl auch hier die Erschließung der großen industriellen Werke im Vordergrund stand (Papier- und Zellstoff-, Gussstahlwerke, chemische Fabriken, Glashütte mit der Uhren- und Rechenmaschinenindustrie), belebten die Reisezüge für Wintersportler den Betrieb, denn die Höhenlagen des Osterzgebirges von 700 m bis 850 m sind ein weit über Sachsen hinaus bekanntes Skigebiet. Im Interesse dieses Wintersportverkehrs wurde die Strecke 1923 als Notstandsarbeit bis Altenberg verlängert.

Ein Unwetter zerstörte am 9. Juli 1927 rund 20 km der Strecke und wesentliche Teile der Eisenbahnanlagen (übrigens am 13. August 2002 die Normalspurstrecke wieder). Nachdem der Schmalspurbetrieb am 1. Dezember 1927 wieder vollständig aufgenommen worden war, wurde der Gedanke aufgegriffen, die Bahn auf Normalspur umzubauen. Wegen der großen Arbeitslosigkeit war das Deutsche Reich bereit, Fördermittel für den Streckenumbau bereitzustellen. Der Umbau begann 1935.

▲ Mächtig bergan ging es am Pöhlwasser von Grünstädtel nach Oberrittersgrün (1970)
Foto: E. Preuß

▲ Ein Nebeneinander der alltäglichen Art – damals im Jahr 1970. Die 99 1568 vor dem Zug nach Oberrittersgrün begegnet im Bahnhof Grünstädtel der 86 14111 mit ihrem Zug nach Annaberg-Buchholz Süd.
Foto: E. Preuß

Mügeln–Geising-Altenberg (MG, von 1920 an HA)

Eröffnet:	18. November 1890 Mügeln (seit 1920 in Heidenau umbenannt)–Geising-Altenberg (1923 umbenannt in Geising) (36,1 km)
	10. November 1923 Geising–Altenberg (5,5 km)
Stillgelegt:	Lauenstein–Altenberg (9,71 km) 15. August 1938 (Umstellung auf Normalspur)
	Heidenau–Lauenstein (31,89 km) 29. August 1938 (Umstellung auf Normalspur)

Zittau–Oybin/Jonsdorf

Im anmutigen Zittauer Gebirge mit Gipfelhöhen bis zu 793 m liegen vier Dörfer, die Bedarf an Bau- und Brennstoffen hatten und die als Erholungsorte von Zittauern besonders an Sonntagen aufgesucht wurden. Ende des 19. Jahrhunderts waren für diese Gebirgsorte die Postkutsche und das Pferdefuhrwerk die einzigen Verkehrsmittel. Es bildete sich 1884 das Baukomitee für eine Eisenbahn.

In Sachsen argumentierten die Interessengruppen, wenn sie einen Eisenbahnanschluss begehrten, mit

Zittau–Oybin (ZOJE)

Eröffnet:	25. November 1890 Zittau–Oybin (10,54 km) (ab Abzweigstelle Neißebrücke),
	25. November 1890 Bertsdorf–Jonsdorf (3,83 km)
Stillgelegt:	Bertsdorf–Kurort Oybin (3,29 km) Güterverkehr 1969
	Bertsdorf–Kurort Jonsdorf (3,83 km) Güterverkehr 1969
	Olbersdorf Oberdorf–Bertsdorf (1,01 km) Güterverkehr 1970
	Zittau–Olbersdorf Oberdorf (7,28 km) Güterverkehr 31. Dezember 1994

▲ In der Nähe des Haltepunkts Teufelsmühle war am 16. Juni 1995 die 099 724 (ex 99 735) unterwegs. Foto: R. Preuß

▲ Im Bahnhof Bertsdorf trennen sich die Strecken der Zittauer Schmalspurbahn in Richtung Oybin und Jonsdorf. Die 099 733 (ex 99 760) wird am 16. Juli 1996 nach Oybin fahren. Foto: R. Preuß

den Standorten von Fabriken, Mühlen, den Produkten der Forst- und Landwirtschaft. Was aber konnten die Gemeinden Oybin und Jonsdorf bieten? Nur Dürftiges: Die Mühlsteine in Jonsdorf, die immerhin seit 1873 einen steigenden Absatz auswiesen, die Leinenweberei in den Umgebindehäusern, Fabrikpendler von den Gebirgsorten nach Zittau und den Fremdenverkehr, der noch in den Anfängen steckte. Deshalb fand sich weder bei der Staatsregierung noch in den Kammern des Landtages zu Dresden eine Mehrheit, die eine Schmalspurbahn in das Zittauer Gebirge befürwortete.

1881 hatte die sächsische Staatsregierung fast sämtliche Privateisenbahnen übernommen und war damit praktisch zum Staatsbahnsystem übergegangen. Nur ausnahmsweise, wenn rein lokale Bedürfnisse befriedigt werden sollten, wollte sie private Eisenbahnen zulassen. Und da nach der offiziellen Meinung für das Zittauer Gebirge eine Bahn nicht rentabel sei, erhielt die private Zittau-Oybin-Jonsdorfer Eisenbahn-Gesellschaft (ZOJE) die Konzession. Die Betriebsführung allerdings behielten sich die Staatseisenbahnen vor.

Seitdem blühte hier der Fremdenverkehr auf. Nicht zuletzt der zweigleisige Ausbau der Strecke Zittau Vorstadt–Oybin im Jahr 1913 zeigte, dass sich diese Bahn zu den vitalsten unter den sächsischen Bahnen entwickelte. Die Vielzahl der Reisenden lässt sich nicht in erster Linie mit dem Fremdenverkehr begründen. Zwar beherbergte Oybin in den Jahren vor dem Zweiten Weltkrieg 13.000 Feriengäste (1860 waren es 112, 1884, vor Eröffnung der Strecke, 594), es waren vornehmlich die Sonntagsausflügler aus Zittau, die die Züge der »Bimmelbahn« füllten, um in die Oybiner Felsenwelt,

in die Berge um Jonsdorf oder ins Volksbad Olbersdorf zu fahren. Bei Wintersportwetter verkehrten sonntags zusätzliche Züge, fest im Fahrplan eingelegt. Hinzu kamen die Bedarfszüge bei entsprechendem Wetter. Auch war es für die Eisenbahner bis in die 60er-Jahre selbstverständlich, bei großem Andrang die Züge mit Verstärkungswagen und gegebenenfalls einer Vorspannlokomotive zu fahren.

Bereits 1943/1944 war das zweite Streckengleis zwischen Bertsdorf und Oybin abgetragen worden.

Mit der Wiederinbetriebnahme des Kohlenbergwerkes Olbersdorf übernahm die Schmalspurbahn einen großen Teil des Versandes von Braunkohlen. Nach Plänen der DDR-Regierung war eine radikale Erweiterung des Braunkohlentagebaus Olbersdorf und mit dem Abbruch von Häusern in Olbersdorf begonnen worden. Etwa 1992 sollte die Schmalspurbahn stillgelegt werden. Die Modrow-Regierung stoppte die Pläne für den Braunkohlentagebau.

Der Landkreis Zittau erkannte die Bedeutung der Schmalspurbahn für den Nahverkehr sowie als Attraktion für den Fremdenverkehr, gründete 1993 die Sächsisch-Oberlausitzer Eisenbahngesellschaft (SOEG) und übernahm am 30. November 1996 die Bahn. Die SOEG führt seit 1. Dezember 1996 den Zugbetrieb. Manches zum Positiven änderte sich mit dem Wechsel des Geschäftsführers im Jahre 2005. Der neue Mann erkannte Versäumnisse in der Vergangenheit, plädierte für flexible, der Nachfrage angepasste Angebote und verbesserte die Zusammenarbeit mit dem Interessenverband Zittauer Schmalspurbahnen, der seinen Sitz im Empfangsgebäude des Bahnhofs Bertsdorf einrichtete. Als Gemein-

▲ Schmalzgrube an der Strecke Wolkenstein–Jöhstadt »in alter Zeit«: Die Station ist heute Ziel von Sonderzugfahrten der wieder aufgebauten Preßnitztalbahn. *Foto: R. Preuß*

schaftswerk mehrerer Gremien ging der Triebwagen VT 137 322 wieder in Betrieb. Unterstützung von der SOEG erhält der Interessenverband für die Rekonstruktion der Lokomotive 99 555, die Sonderzüge fahren soll. Im Jahre 2007 wurde auf dem Gelände des Zittauer Bahnhofs eine neue Fahrzeugwerkstatthalle gebaut.

Oschatz–Strehla

Für diese Strecke wurden die in Oschatz vorhanden Schmalspuranlagen genutzt. In Strehla entstanden ein Stationsgebäude, ein Güterboden, der Lokomotiv- und Kohlenschuppen. Die Bahn diente hauptsächlich dem Güterverkehr, was auch die fünf Anschlussbahnen in dem kleinen Bahnhof Strehla beweisen. Man hoffte, die Bahn könne die Wirtschaft in das Städtchen an der Elbe locken, was sich als Trugschluss erwies. Der neue Elbhafen in Riesa war attraktiver.
Bereits 1967 sollte die Strecke stillgelegt werden, aber für die Verlagerung des Verkehrs zum Kraftverkehr fehlten die Ressourcen. Über Nacht kam dann die Gelegenheit, die Bürger der Kreise Oschatz und Riesa – aber nur die! – in der örtlichen Presse über die Einstellung des Zugverkehrs zu informieren.

Wolkenstein–Jöhstadt

Unter den besonders schlechten Wegeverhältnissen litten die Einwohner und die Wirtschaft im Preßnitztal zwischen Wolkenstein und der sächsisch-böhmischen Landesgrenze. Da sich alle Holzstapelplätze, Sägewerke und Papierfabriken in Wassernähe befanden, folgten die Schmalspurgleise eben diesen Wasserläufen; zunächst dem der Zschopau, dann der Preßnitz und schließlich ab Schmalzgrube dem Lauf des Schwarzwassers. So konnte die Bahn all den kleinen Unternehmen billig ein Anschlussgleis bis auf den Werkhof bieten. Bereits zur Betriebseröffnung bestanden 38 Anschlussgleise. Allerdings hatte diese Trassierung den Nachteil, dass Wolkenstein und Jöhstadt ihren Schmalspurbahnhof fern der Ortsmitte erhielten.
Die Strecke fiel bereits seit ihrer Eröffnung durch das Dreischienengleis in Wolkenstein auf. Die Züge benutzten einen Strang des Gleises der Hauptbahn Flöha–Weipert gemeinsam, bis es die Zschopau überquerte. 49 Stahl- und drei steinerne Brücken mussten für die Preßnitztalbahn gebaut werden. Die wichtigsten Unterwegsbahnhöfe waren Streckewalde, Großrückerswalde, Niederschmiedeberg (zuletzt wegen der Bedienung des Werkteils vom VEB DKK Scharfenstein, der Kühlschränke herstellte) und Steinbach wegen des obligatorischen Wasserhalts.
Im Bahnhof Jöhstadt mit dem dreiständigen Lokomotivschuppen und dem auffälligen Bahnhofsgebäude

Oschatz–Strehla (OS)

Eröffnet:	31. Dezember 1891 Oschatz–Strehla (11,08 km)
	20. April 1892 Strehla–Elbkai (0,73 km)
Stillgelegt:	1. Februar 1972

Wolkenstein–Jöhstadt (WJ)

Eröffnet:	1. Juni 1892 Wolkenstein–Jöhstadt (22,95 km)
	5. Mai 1893 Jöhstadt–Ladestelle (1,38 km)
Stillgelegt:	Niederschmiedeberg–Jöhstadt (13,6 km) Güterverkehr 24. November 1972, Reiseverkehr 31. Januar 1984, seit 14. Januar 1984 Schienenersatzverkehr Wolkenstein–Niederschmiedeberg (9,4 km) Güterverkehr 21. November 1986, Reiseverkehr 30. September 1984, Stilllegung 31. Dezember 1986,
	Jöhstadt–Ladestelle 1,38 km) Güterverkehr 1. Januar 1972
Museumsbahn:	Jöhstadt–Schlössel 29. Mai 1993
	Schlössel–Schmalzgrube 27. Mai 1995
	Schmalzgrube–Hp. Forellenhof 26. Mai 1996
	Hp. Forellenhof–Hp Andreas-Gegentrum-Stolln 1. Juni 1998
	Hp Andreas-Gegentrum-Stolln–Steinbach 19. August 2000

▲ Kurz vor der Endstation, am Haltepunkt Schlössel, verlässt eine Wandergruppe am 17. August 1974 den Zug nach Jöhstadt.

Foto: R. Preuß

hat sich die Interessengemeinschaft Preßnitztalbahn etabliert, die sich nach der Stilllegung und dem Abbau der Strecke für den Wiederaufbau einsetzte und 1992 den Dampfzugbetrieb wieder aufnahm. Die Interessengemeinschaft baute die 8 km lange Museumsbahn Jöhstadt–Steinbach wieder auf, errichtete von 2004/2005 eine neue Ausstellungs- und Fahrzeughalle etwa 500 Meter unterhalb des Bahnhofs Jöhstadt und unterhält als Eisenbahnverkehrsunternehmen auch Normalspur-Diesellokomotiven, die außerhalb der Preßnitztalbahn bei Plan- und Arbeitszügen eingesetzt werden.

Taubenheim–Dürrhennersdorf und Herrnhut–Bernstadt

Der Zugbetrieb beider in der Oberlausitz gelegenen Strecken war nie überragend. Es fehlte das Potenzial der Anliegergemeinden. Der Zugverkehr wurde deshalb in der jüngsten Nachkriegszeit eingestellt, weil die Gleise als Reparationsleistungen demontiert und in die UdSSR gebracht werden mussten.

Taubenheim–Dürrhennersdorf (TD)

Eröffnet:	1. November 1892 (12,04 km)
Stillgelegt:	September 1945

Herrnhut–Bernstadt (HB)

Eröffnet:	1. Dezember 1893 (10,1 km)
Stillgelegt:	2. Oktober 1945

Hetzdorf–Eppendorf

Als es darum ging, den Ort Eppendorf mit seiner umfangreichen Spielwarenindustrie in das Eisenbahnnetz einzubeziehen, wäre eine Verbindung von Oederan aus praktisch gewesen. Andererseits versprach die Linienführung durch das Lößnitztal, mehrere an Wasserläufen liegende Fabriken einbeziehen zu können; außerdem entging man der Gefahr, von Schneeverwehungen behindert zu werden. Im Dezember 1892 begann der Bau, und es bestand die Absicht, die Strecke in Hohenfichte an die Flöhatalbahn (Flöha–Reitzenhain) anzuschließen. Mitten im Bau besann man sich jedoch, die Anschlussstelle an einem Punkt zwischen Flöha und Hohenfichte anzuordnen. Die Haltestelle Hetzdorf – unmittelbar neben dem die Flöha überspannenden Viadukt der Hauptbahn Dresden–Werdau gelegen – wurde eingerichtet und mauserte sich bald zu einem ausgedehnten Bahnhof.

Die Holz- und die Textilindustrie im Lößnitztal hatten den Anschluss an das Eisenbahnnetz verlangt; wegen der landwirtschaftlichen Erzeugnisse war die Strecke bis Großwaltersdorf verlängert worden. Mit dem Ausbau der Straße wurde die Bahn unrentabel. Vorwand oder Notwendigkeit, Schienen für den Bau des Berliner Außenrings zu gewinnen, führten 1951 zur Stilllegung des Abschnitts Eppendorf–Großwaltersdorf.

Hetzdorf–Eppendorf (HE bzw. HG)

Eröffnet:	1. Dezember 1893 Hetzdorf–Eppendorf (9,77 km)
	1. November 1916 Eppendorf–Großwaltersdorf (3,79 km)
Stillgelegt:	Eppendorf–Großwaltersdorf (3,79 km) 1. August 1951
	Hetzdorf–Eppendorf (9,77 km) Güterverkehr 1. Januar 1968, Reiseverkehr 6. November 1967, Stilllegung 1. Januar 1968

Kohlmühle–Hohnstein

Im Elbstandsteingebirge stellte die Strecke die Verbindung von der als »Sächsischer Semmering« bezeichneten Strecke Bautzen–Bad Schandau zu dem 184 m höher gelegenen, reizvoll gelegenen Städtchen Hohnstein her. Nach anderthalb Kilometer Länge verließ das schmalspurige Gleis das mit der Normalspurbahn benutzte Planum, wechselte ins Schwarzbachtal, durchquerte zwei Tunnel und kam über die Orte Lohsdorf und Oberehrenberg nach Hohnstein. Der Zugverkehr war stets mäßig und wurde dadurch das Opfer, als Gleismaterial für den Berliner Außenring oder einer anderen wieder aufzubauende

Bahnanlage gewonnen werden musste. 1997 bildete sich eine Bürgerinitiative zum Wiederaufbau der Strecke – die Erfolgsaussichten dürften aber gering sein.

Kohlmühle–Hohnstein (KH)	
Eröffnet:	1. Mai 1897 (12,13 km)
Stillgelegt:	28. Mai 1951

Mulda–Sayda

Mit dem Bau der Strecke Mulda–Sayda wurde die Absicht verfolgt, der Kleinstadt Sayda den Eisenbahnanschluss zu geben. Als Lösung bot sich die Verlängerung der Normalspurstrecke von Berthelsdorf nach Großhartmannsdorf an; eine Schmalspurbahn wurde jedoch als günstiger erachtet.

Aus drei Gleisen sowie einem Gleis zum zweiständigen Lokomotivschuppen bestand der Endpunkt der Strecke, in dem auch das Zugpersonal beheimatet war. Auch bei dieser Strecke hatte man sich in den Transportmengen, die die aufstrebende Industrie für die Bahn abwerfen könnte, verschätzt. Sie kam daher nach der Verkehrsnot der Nachkriegszeit in die Stilllegungspläne.

Mulda–Sayda (MS)	
Eröffnet:	1. Juli 1897 (15,48 km)
Stillgelegt:	Güterverkehr 1. Januar 1966, Reiseverkehr 18. Juli 1966

Cranzahl–Oberwiesenthal

Unter- und Oberwiesenthal waren nur mit der Fahrpost Leipzig–Karlsbad zu erreichen und sollten an die Normalspurstrecke Annaberg–Weipert angeschlossen werden. Technisch waren drei Wege möglich: durch das Tal des Grenzbaches nach Bärenstein, am Sehmabach entlang nach Cranzahl oder der Zschopau folgend nach Crottendorf. Die Wahl fiel auf die Streckenführung entlang der Zschopau, erschloss sie doch die Staatsforstreviere Neudorf und Unterwiesenthal und bezog das lang gestreckte Neudorf ein. Von Unterwiesenthal an benutzte man das Tal des Pöhlbaches.

Die Strecke gehörte zu den am stärksten befahrenen der sächsischen Schmalspurbahnen. Im Güterverkehr dominierte der Kohlenempfang, im Reiseverkehr der Berufs- und Ausflugsverkehr; die »Spitzenbelastung« setzte bei Wintersportwetter ein, gilt doch der Fichtelberg in Oberwiesenthal als ein schneesicheres Gelände.

▲ Zu Füßen des höchsten sächsischen Berges, des Fichtelbergs, liegt der Bahnhof Kurort Oberwiesenthal. Die Strecke wird von der »BVO Bahn« betrieben (1995). Foto: R. Preuß

▲ Welche Bedeutung für den Güterverkehr Hammerunterwiesenthal hatte, zeigt der einfahrende Zug am 20. Januar 1989. Jetzt rollt das Gut auf der Straße. Foto: R. Preuß

Im Juni 1998 verkaufte die Deutsche Bahn die Strecke Cranzahl–Kurort Oberwiesenthal an die Verkehrsbetriebe Erzgebirge BVO, die den Dampfzugbetrieb vor allem wegen der Touristen erhalten möchte. Triebwagen für den klassischen Nahverkehr wurden bisher nicht bestellt. Auch um das Projekt, der Normalspurstrecke von Annaberg-Buchholz Süd bis Cranzahl eine dritten Schiene zu geben, um die Kreisstadt direkt an das Fichtelberggebiet anzuschließen, ist es still geworden.

Die BVO Bahn (seit 9. Mai 2007: SDG Sächsische Dampfeisenbahngesellschaft mbH) ließ die Anlagen sanieren und bis 2004 in Kurort Oberwiesenthal einen neuen Lokomotivschuppen anstelle des alten bauen. In ihm werden auch die Wagen gewartet und gereinigt.

Cranzahl–Oberwiesenthal (CW)	
Eröffnet:	20. Juli 1897 (17,35 km)
Stillgelegt:	Güterverkehr 1. Juli 1992

▲ In Friedersdorf (b Frauenstein) steht 99 1684 mit ihrem Zug am 7. Oktober 1970. Knapp zwei Jahre später gab es hier keinen Zugverkehr mehr.
Foto: E. Preuß

Klingenberg-Colmnitz–Frauenstein

Eröffnet:	15. September 1898 (19,71 km)
Stillgelegt:	Güterverkehr 31. Dezember 1970, Reiseverkehr 28. Mai 1972

Der Betrieb dieser ebenfalls von Schmalspurliebhabern wenig besuchten Strecke endete nicht mit dem angegebenen amtlichen Datum des Fahrplanwechsels 1972, sondern schon am 20. September 1971 infolge der umgestürzten Lokomotive 99 715 auf dem Bahnhof Oberbobritzsch. Ein mangelhafter Oberbau soll die Ursache gewesen sein. Danach wurde Schienenersatzverkehr eingerichtet.

Reichenbach–Oberheinsdorf
Ob des merkwürdigen Aussehens ihrer Lokomotiven wurde diese westsächsische Strecke ziemlich bekannt. Im Heinersdorfer Grund hatten sich zahlreiche Betriebe, vornehmlich solche der Textilindustrie, angesiedelt, die an einem vorteilhaften Transport der Rohstoffe und Fertigwaren, hauptsächlich aber der Kohlen, interessiert waren. Die Fabrikbesitzer drängten in den Jahren 1896 und 1897 die städtischen Behörden Reichenbachs, beim Finanzministerium in Dresden um einen Anschluss an die Staatsbahnen zu ersuchen. Man wusste auch in Reichenbach, dass inzwischen für Bahnbauten die allgemeine Sparsamkeit galt, und wollte sich deswegen mit einer Schmalspurbahn begnügen.
Um diese Zeit erwog der Staat bereits, von der Strecke Reichenbach unterer Bahnhof–Mylau durch den Heinersdorfer Grund eine Verbindung zur Strecke Zwickau–Falkenstein herzustellen. Aber der Landtag entschied sich für eine andere Variante, nämlich für die Weiterführung der vorhandenen Normalspurstrecke durch das Göltzschtal nach Lengenfeld. Den Wünschen der Reichenbacher Fabrikanten entsprach die Zusage des Landtages, unter Benutzung der Straßen eine schmalspurige, im Wesentlichen mit Rollböcken zu betreibende Industriebahn anzulegen und an sie durch Zweiggleise die dort gelegenen Fabriken anzuschließen.

Klingenberg-Colmnitz–Frauenstein
Der Festschmaus im Gasthof »Zum goldenen Löwen« am 14. September 1898 war delikat: Mockturtle-Suppe, Lachs mit Sauce bernaise, Filet de beuf, Compott und Salat, Fürst-Pückler-Eis. Anlass war die Eröffnung der Strecke Klingenberg-Colmnitz–Frauenstein, deren Bau fast zwei Millionen Mark verschlang.
Sie besaß Bedeutung im lokalen Reiseverkehr. Empfangen wurden auch die Massengüter Kohle, Sand und Düngemittel. Eine Verladebrücke mit Greifer arbeitete auf dem Bahnhof Klingenberg-Colmnitz. Anfangs mussten Ladearbeiter mit Schaufeln das Gut umschlagen, denn Rollbock- oder Rollwagenbetrieb wurde nicht eingeführt.
Auf der Südseite des an der Hauptbahn Dresden–Werdau gelegenen Bahnhofs begann die Strecke. Sie führte bis an den Rand des Colmnitzbaches, durch den oberen Ortsteil von Colmnitz, durch ganz Pretzschendorf und überschritt die Wasserscheide zur Bobritzsch. Der Abstieg ins Bobritzschtal bedeutete für die Bahn einen Höhenverlust von 48 m. Dann stieg sie wieder an, über Oberbobritzsch, am östlichen Talrand der Bobritzsch entlang, über Burkersdorf und erreichte nach Umrundung des Turmbergs in 654,5 m Höhe den stattlichen Bahnhof von Frauenstein.

Reichenbach–Oberheinsdorf (RH)

Eröffnet:	15. Dezember 1902 (5,4 km)
Stillgelegt:	Güterverkehr 30. September 1962, Reiseverkehr 17. November 1957, Stilllegung der Strecke 1. Januar 1963

Die Bevölkerung sah nicht ein, dass nur Güterwagen durch die Stadt fahren sollten, und verlangte, den Reiseverkehr aufzunehmen. 1901 begann der Bahnbau. Auf dem unteren Bahnhof in Reichenbach wurden das Maschinenhaus errichtet und ein Brunnen für das Lokomotivwasser gebohrt, zwei Rampen zum Auf- und Absetzen der Normalspurwagen auf die Rollböcke fertig gestellt. Mithilfe ausländischer Arbeitskräfte konnte am 19. September 1902 der Streckenbau bis Oberheinsdorf abgeschlossen werden.

Am 22. November traf die erste Lokomotive ein, eine der drei bestellten Gelenklokomotiven der Bauart Fairlie, die zusammen mit dem Rollbockverkehr diese verhältnismäßig kurze Schmalspurstrecke sehr bekannt machten. Im Volksmund nannte man sie »Rollbockbahn«.

Als am 15. Dezember 1902 der Güterverkehr offiziell eröffnet worden war, forderten die Bürger wiederholt, den Personenverkehr einzuführen, mussten sich aber bis 1909 gedulden.

Die »Rollbockbahn« unterschied sich von den anderen sächsischen Schmalspurbahnen durch ihre Spurweite von 1000 mm und die seltsam anmutenden Lokomotiven. In halbamtlichen Darstellungen (z. B. der von Wiedemann) wird dazu erklärt, um die Jahrhundertwende habe festgestanden, dass die Meterspurweite vorteilhafter sei. Hinsichtlich des höheren Schwerpunktes der auf den Rollböcken stehenden Fahrzeuge gewiss. Da Reichenbach–Oberheinsdorf immer nur eine Stichbahn bleiben sollte, mag außerdem die Wahl der breiteren Spurweite gerechtfertigt gewesen sein.

Nebitzschen–Kroptewitz

Die Stichbahn wurde auch »Kaolinstrecke« genannt und blieb wegen dieses in der Plaste- und Porzellanindustrie notwendigen Produktes auch so lange erhalten. Um Kemmlitz entstanden vier Gruben, in denen das Rohkaolin untertage gewonnen wurde. Auf dem unbesetzten Bahnhof Kemmlitz begannen auch die Anschlussgleise zu den Verladestellen.

Von hier verlief bis zur Betriebseinstellung 1967 die Strecke ansteigend zur Haltestelle Börtewitz und weiter zum Bahnhof Kroptewitz, wo sich das Gleis zur Grube IV anschloss. Hier wurden auch Kohlen, Stückgut und landwirtschaftliche Erzeugnisse verladen.

Von 1945 an wurde der Reiseverkehr in der Form eingeführt, dass man an die Güterzüge Personenwagen anhängte.

Nebitzschen–Kroptewitz (NK)

Eröffnet:	3. August 1903 Nebitzschen–Kroptewitz (6,31 km)
Stillgelegt:	Kemmlitz–Kroptewitz (2,6 km) Reiseverkehr 13. Dezember 1964, Güterverkehr 30. November 1967
	(Oschatz–) Nebitzschen–Kemmlitz (2,71 km) Reiseverkehr 31. Dezember 1964, Güterverkehr 31. Dezember 2000
Traditionsbahn:	Oschatz — Mügeln — Kemmlitz 17. Dezember 1993 (Nebitzschen — Kemmlitz seit 2004 wegen Oberbauzustand eingestellt)/Glossen 21. April 2006 zusätzlich zum Regelbetrieb Oschatz — Mügeln — Glossen

Meißen-Triebischtal–Wilsdruff und Garsebach–Löthain

Meißen-Triebischtal bildete den Ausgangspunkt der Reisezüge nach Wilsdruff und nach Lommatzsch. Die Strecken trennten sich auf dem Keilbahnhof Garsebach. Bis kurz vor ihm lag das Schmalspurgleis mit auf dem Planum der Normalspurstrecke Borsdorf–Coswig. Ursprünglich war die Schmalspurstrecke nur von Wilsdruff bis Meißen Jaspisstraße geplant. Da man dem Publikum jedoch einen günstigeren Anschluss an den Vorortverkehr Meißen–Dresden bieten und vor allem den Meißnern nicht das Umsteigen in Jaspisstraße zumuten wollte, wurde das schmalspurige Gleis bis Meißen-Triebischtal verlängert. Betriebstechnisch bedeutete das: Die Züge mussten nach der Ankunft im Triebischtaler Stumpfgleis nach Jaspisstraße zurückgedrückt werden. Hier befanden sich die Spurwechsel- und Lokomotivbehandlungsanlagen.

Meißen-Triebischtal–Wilsdruff (WG = Wilsdruff–Gärtitz)

Eröffnet:	1. Oktober 1909 Meißen-Triebischtal–Wilsdruff (17,55 km)
Stillgelegt:	Meißen Jaspisstraße–Ullendorf-Röhrsdorf (9,94 km) Güterverkehr 29. Juli 1966
	Ullendorf-Röhrsdorf–Wilsdruff (6,96 km) Güterverkehr 30. Juni 1969
	Meißen-Triebischtal–Wilsdruff (17,55 km) Reiseverkehr 21. Mai 1966, Stilllegung 30. Juni 1969

Garsebach–Löthain (WG = Wilsdruff–Gärtitz)

Eröffnet:	1. Oktober 1909 Garsebach–Löthain (3 km)

▲ In abwechslungsreicher Landschaft lag die Strecke Wilsdruff–Meißen-Triebischtal. Auf ihr fuhr dieser Zug mit einer IV K, hier am Haltepunkt Preiskermühle um 1910. *Foto: Slg. Gottschalch*

Potschappel–Hainsberg (PHV)

Eröffnet:	10. September 1913 (3,25 km)
Stillgelegt:	31. Dezember 2002

Fortsetzung von S. 125

Meißen-Triebischtal–Wilsdruff (WG = Wilsdruff–Gärtitz)

	1. Dezember 1909 Löthain -Lommatzsch 12,68 km
Stillgelegt:	Garsebach–Löthain (3 km) Güterverkehr 1. August 1966, Reiseverkehr 22. Mai 1966
	Löthain–Lommatzsch (12,68 km) Güter- und Reiseverkehr 28. Oktober 1972, Stilllegung 30. Oktober 1972

Mertitz–Gärtitz (WG = Wilsdruff–Gärtitz)

Eröffnet:	27. November 1911 Mertitz–Gärtitz (18,63 km)
Stillgelegt:	Mertitz–Kleinmockritz (9,98 km) Güter- und Reiseverkehr 4. Januar 1970
	Kleinmockritz–Gärtitz (8,65 km) Güter- und Reiseverkehr 31. Mai 1969, Stilllegung 1. Juni 1969

Freital-Potschappel–Freital-Hainsberg

Nach dem Ausbau der viergleisigen Strecke Dresden–Tharandt 1909 wurde die lange angeregte Verbindung zwischen der Strecke Potschappel–Nossen und Hainsberg–Kipsdorf für den Betriebsmittelaustausch hergestellt, indem in ein Industriegleis auf 1,9 km Länge eine dritte Schiene eingelegt, 1,4 km Gleis neu verlegt und sieben Weichen eingebaut wurden.

Die Deutsche Reichsbahn hat Mitte der 50er-Jahre die Wagenausbesserungsstelle in Freital-Potschappel erweitert und beließ sie nach dem Ende der Nossener Strecke.

2002 aber betrieb die Deutsche Bahn die Stilllegung dieser Strecke, weil durch Wegfall einer Brücke in Freital-Hainsberg sich der Ausbau der Hauptbahn Dresden–Werdau für höhere Geschwindigkeiten vereinfachen lässt. Dann müssen allerdings die Wagen der Strecke Freital-Hainsberg – Kurort Kipsdorf wie die Wagen von Radebeul Ost auf Tiefladern über die Straße zur Wagenausbesserungsstelle gebracht werden.

Klingental–Untersachsenberg–Georgenthal

Nummer 29 der Königlich Sächsischen Staatsregierung vom 13. Januar 1912: »Unter Titel 39 des außerordentlichen Staatshaushalts-Etats 1910/11 sind 790.000 M für den Bau einer mit Dampf zu betreibenden Nebenbahn in 0,75 m Spurweite von Klingenthal nach Untersachsenberg bewilligt worden. Die Staatsregierung hatte auf dieser Bahn ursprünglich nur die Beförderung von Gütern vorgesehen und demgemäß nur 700.000 M in den Etat eingestellt; auf Befürwortung der Ständeversammlung aber entschied sich die Regierung auch für die Einführung des Personenverkehrs und erhöhte das Postulat auf 790.000 M (...)

Die Gemeinden Klingenthal und Brunndöbra regten nun an, ob sich nicht das vorhandene Bedürfnis nach einem Bahnanschluß auch durch eine elektrische Bahn mit Güterbeförderung unter teilweiser Benutzung öffentlicher Straßen befriedigen lasse, wobei sich die Grunderwerbskosten und damit auch die von diesen Gemeinden zu bringenden Opfer erheblich ermäßigen würden. Mitbestimmend für diesen Vorschlag war die Erwägung, daß der elektrische Strom aus den in Klingenthal und Brunndöbra vorhandenen Elektrizitätswerken entnommen werden könnte, wodurch die Gemeinden ein wesentliches Interesse an dem Zustandekommen der Bahn erlangen würden (...)

Für die geplante elektrische Bahn Klingenthal–Untersachsenberg ist eine Spurweite von 1 m vorgesehen, die sich wegen der Bauart der zu verwendenden elektrischen Fahrzeuge nötig erweist. Um den Bedürfnissen des Personen- und Güterverkehrs gleich gut zu entsprechen, empfiehlt es sich, für jeden der beiden Verkehre einen getrennten Betrieb einzurichten. Demgemäß soll der Personenverkehr durch Triebwagen mit Anhängewagen bedient werden. Die Güter aber sollen in besonderen, von elektrischen Lokomotiven gezogenen Zügen befördert werden, und zwar in vollspurigen Wagen auf schmalspurigen Rollwagen. Die Stückgüter sollen, soweit nicht geschlossene Ladungen in vollspurigen Wagen gebildet werden können, in besonderen schmalspurigen Güterwagen verladen werden. Dieser getrennten Betriebsweise entsprechen getrennte Schmalspuranlagen auf dem Bahnhofe Klingenthal. Für den Güterverkehr

▲ Mit einem gemischten Zug (Güterzug mit Personenbeförderung) fährt die 99 1600 durch die fruchtbare Lommatzscher Pflege nach Löthain (17. Juli 1971).
Foto: R. Preuß

▲ Durch Klingenthal fuhr 1962 eine Zug der Baureihe ET 198.
Foto: Finzel

sollen im südwestlichen Teile des Bahnhofes die erforderlichen Gleise zum Umsetzen der vollspurigen Wagen auf Rollwagen, ein Schuppen für die elektrischen Lokomotiven und ein schmalspuriges Gleis nach dem Güterschuppen zur Verladung der Stückgüter hergestellt werden.

Die Abfahrt- und Ankunftstelle der elektrischen Personenwagen soll dagegen an die Ostseite des Empfangsgebäudes gelegt werden. Die Güter- wie die Personengleise werden innerhalb des Bahnhofs getrennt bis an dessen Südostende geführt, wo sie sich beim Übertritt auf die Staatsstraße vereinigen. Von da ab führt die nunmehr eingleisige Bahn zunächst auf der Adorf-Klingenthaler, dann auf der Auerbach-Klingenthaler Staatsstraße durch die Orte Klingenthal und Brunndöbra bis an die Einmündung des von Muldenberg kommenden, in Brunndöbarer Flur ‚Königstraße' genannten Kommunikationsweges. Von dieser Stelle ab ist die Staatsstraße wegen ihrer starken Steigungen für die Bahn nicht mehr benutzbar. Die Bahn wird daher weiterhin auf besonderen Bahnkörper gelegt und verfolgt im allgemeinen dieselbe Richtung. Sie führt zunächst nördlich der Staatsstraße hin, kreuzt dieser in der Nähe des Gasthofes ‚Zum Reichsadler', verläuft alsdann am südöstlichen Talhang und endet nach Überschreitung des Steindöbrabaches dort, wo das Tal einen Kessel bildet, in dem Bahnhofe Untersachsenberg. Außer diesem Bahnhofe, auf dem der Personenverkehr beginnen und enden soll und der mit den hierzu sowie für den Güterverkehr erforderlichen Anlagen auszustatten sein wird, soll die Bahn zwei öffentliche Ladestellen für Güterverkehr (Stückgut und Wagenladungen) erhalten, von denen die eine im Klingenthaler Flure in der Nähe der Gasanstalt, die andere in Brunndöbra an der erwähnten Königstraße liegt. Für den Personenverkehr sind außer den Endstationen Bahnhof Klingenthal und Bahnhof Untersachsenberg zunächst 6 Haltepunkte, im Bedarfsfalle noch 3 weitere Haltepunkte vorgesehen (…)

Nach alledem erscheint es zweckmäßig und den Interessen des Staates wie der beteiligten Gemeinden entsprechend, daß an Stelle der früher genehmigten Dampfeisenbahn eine elektrische Nebenbahn in 1 m Spurweite vom Bahnhofe Klingenthal nach Untersachsenberg in der vorgeschlagenen Weise erbaut wird. Vorausgesetzt wird hierbei, dass die beteiligten Gemeinden die oben erwähnten von ihnen eingegangenen Verpflichtungen erfüllen. Mit dieser Maßgabe beantragt die Staatsregierung:

Die Ständeversammlung wolle sich damit einverstanden erklären, daß die unter Tit. 39 des außerordentlichen Staatshaushalts-Etats 1910/11 zum Bau einer schmalspurigen Dampfeisenbahn mit 0,75 m Spurweite bewilligten 790.000 M zum Bau einer dem Personen- und Güterverkehr dienenden elektrischen Bahn mit 1 m Spurweite vom Bahnhof Klingenthal nach Untersachsenberg verwendet werden.«

Die erwähnten Stationen Untersachsenberg und Reichsadler wurden später in Sachsenberg-Georgenthal sowie Brunndöbra Mittelberg umbenannt.

Klingenthal–Untersachsenberg–Georgenthal (KUG, Güterzuggleis am Bahnhof Klingenthal = KUGG)

Eröffnet:	18. Oktober 1916 (4,11 km)
Stillgelegt:	Güterverkehr 9. April 1963, Reiseverkehr 5. April 1994

Klingenberg-Colmnitz–Oberdittmannsdorf

Diese Strecke ist recht spät in Betrieb genommen worden. Das Projekt zog sich über Jahrzehnte hin. Die Ständeversammlungen hatte jedoch Petitionen, deren Verfasser sich für diese Linie einsetzten, bereits 1898 der Regierung zur Kenntnis und in den Jahren 1900, 1902, 1904 und 1906 zur Erwägung überwiesen. Endlich, 1906/1907 begannen die Vorarbeiten, doch 1908 und 1909 stand das Projekt abermals zur Debatte. Was das Dekret Nummer 29 über diese Strecke hinsichtlich der späteren Wirtschaftlichkeit schreibt, ist recht aufschlussreich: »Mehrfach ist gebeten worden, die Linie nicht in Oberdittmannsdorf, sondern nach der Variante auf freier Strecke ungefähr 0,8 km vor dem Bahnhof Mohorn ausmünden zu lassen. Dabei würde die Entfernung von Klingenberg-Colmnitz nach Mohorn nur 19,1 km betragen gegen 21,4 km bei der Einmündung in Oberdittmannsdorf (...) Abgesehen davon würde sich aber in der Richtung nach Nossen, wohin der Verkehr stärker sein wird als nach Wilsdruff, bei Einmündung in Mohorn ein Umweg von 3 km gegenüber der Entwurfslinie ergeben. Der Bahnhof Oberdittmannsdorf erscheint hiernach in der Tat als der günstigste Anschlußpunkt. Der geringe Nachteil, den der Verkehr in der Richtung Wilsdruff durch die etwas längere Fahrstrecke erleidet, wird durch die beabsichtigte Durchführung der Züge von Klingenberg-Colmnitz bis Mohorn ausgeglichen.«

Das Verkehrsgebiet der Bahn war nicht groß. Es hatte mit insgesamt 4285 Einwohnern vorwiegend landwirtschaftlichen Charakter. Angeblich entwickelte sich das Gewerbe nur deshalb nicht, weil es an einer bequemen Bahnverbindung fehlte. So blieb der Regierung nur, ihr Projekt mit dem Argument des Betriebsmittelaustauschs zu stützen, da die neue Strecke die Frauensteiner Linie mit dem Wilsdruffer Netz und dem um Mügeln verband.

Klingenberg-Colmnitz–Oberdittmannsdorf (KO)

Eröffnet:	1. Januar 1921 Klingenberg-Colmnitz–Naundorf (7,83 km)
	1. November 1923 Naundorf–Niederschöna (6,28 km)
	1. November 1923 Niederschöna–Oberdittmannsdorf (4,36 km)
Stillgelegt:	Oberdittmannsdorf–Klingenberg-Colmnitz (18,47 km) Güterverkehr 1. Juni 1971, Reiseverkehr 25. September 1971

Abkürzungsverzeichnis

Bautzen	Waggon- und Maschinenfabrik A. G., vorm. Busch, Bautzen
Bw	Bahnbetriebswerk
BRG	Servicegesellschaft Leipzig GmbH, Bereich Sächsische Schmalspurbahnen
BO	Eisenbahn-Bau- und Betriebsordnung
BVO	BVO Bahn GmbH
DB AG	Deutsche Bahn AG
DBG	Döllnitzbahn GmbH
DR	Deutsche Reichsbahn
Faur	FAUR S. A., Werk »23. August«, Bukarest
FDGB	Freier Deutscher Gewerkschaftsbund
IG	Interessengemeinschaft
Krauss	Krauss & Comp., München-Allach
K.Sächs.Sts.E.	Königlich Sächsische Staatseisenbahnen
LKM	VEB Lokomotivbau Karl Marx, Babelsberg
MaLoWa	Mansfelder Lokomotiv- und Wagenwerkstatt Benndorf
MAV	Ungarische Staatseisenbahnen
ÖBB	Österreichische Bundesbahnen
O & K	Orenstein & Koppel, Drewitz
PKP	Polnische Staatsbahnen
Raw	Reichsbahnausbesserungswerk
Rbd	Reichsbahndirektion
SDG	Sächsischen Dampfeisenbahngesellschaft mbH
Simm	Simmering-Graz-Pauker, Wien
SOEG	Sächsisch-Oberlausitzer Eisenbahngesellschaft
SSW	Siemens Schuckert Werke AG, Berlin
VEB	Volkseigener Betrieb
WA	Werkabteilung
ZOJE	Zittau-Oybin-Jonsdorfer Eisenbahn